LiteraNova

Herausgegeben von Helmut Flad

Unterrichtsmodelle mit Kopiervorlagen

Birgit Vanderbeke

Das Muschelessen

Erarbeitet von Brigitte Noll

Cornelsen

Inhalt

Konzeption und Aufbau

LiteraNova? Was ist neu an der „neuen" Literatur und ihrer Interpretation?

Birgit Vanderbekes *Muschelessen** gibt erzählerisch verdichtet eine ästhetische Antwort auf diese Fragen und eröffnet dabei dem Deutschunterricht neue Lesarten ohne sich traditionellen zu verweigern. Deshalb ist die Erzählung eine für den Oberstufenunterricht besonders gut geeignete Lektüre. Zunächst genügt dieser Text den Anforderungen der geltenden Lehrpläne, die beispielsweise in Hessen einen Spagat zwischen Reflexion über Sprache, Umgang mit Literatur sowie mündlicher und schriftlicher Kommunikation versuchen und dabei in der „wirkmächtigen Tradition der Aufklärung" darauf vertrauen, Literatur könne bei der Identitätsbildung der Schülerinnen und Schüler eine Orientierungshilfe geben. Dies erklärt, warum B. Vanderbekes *Muschelessen* in die Textanregungen für die Jahrgangsstufe 11 aufgenommen und dem Unterrichtsinhalt „Sozialisation und Erziehung" zugeordnet wurde.

Worum also geht es?

Ein Höhepunkt des Familienlebens scheint bevorzustehen: Die Familie erwartet, mit der Vorbereitung eines Muschelessens auf einen festlichen Abend eingestimmt, den Vater und dessen Beförderung zum leitenden Angestellten. Doch der Zeitpunkt seines Eintreffens verschiebt sich. Die Zeit verstreicht, die Muscheln vergammeln, die Stimmung schlägt um und wendet sich gegen den Vater. Was zuletzt übrig bleibt, ist Abfall und landet im „Müll".

Fraglos thematisiert dieser Text Lebensbedingungen von Jugendlichen in ihren Familien und rückt dabei insbesondere das Generationenverhältnis in den Blick. Der Text erfasst zugleich den gesellschaftlichen Wahrnehmungshorizont junger Menschen im begrenzten Rahmen des privaten „Innenraums" einer Kleinfamilie der 70er und 80er Jahre. Die sozialistische DDR-Vergangenheit gilt als überholt. Aber auch die Grundpfeiler einer neuen bürgerlichen Existenz erweisen sich im Verlauf der Erzählung als nicht tragfähig, insbesondere nicht das normative bürgerliche Leitbild der „Familie". Indem die Erzählung im Rahmen eines „Verfallsprozesses" alles infrage stellt, regt sie zum Nachdenken über grundlegende Wert- und Orientierungsfragen in einer postsozialistischen bzw. postmodernen Gesellschaft an. Dabei geht es um die Pluralisierung der Lebensstile, die Integration des Eigenen und Anderen und um Phänomene wie „verschobene" Lebensentwürfe und medial vermittelte – auch geschlechtliche – Identitätsmuster.

Das gemeinsame Gespräch über die sozialistische Vergangenheit des Vaters, aber auch über die Zwänge der bundesrepublikanischen Gegenwart ermöglicht es den Schülerinnen und Schülern, über den eigenen Standort und die eigene gesellschaftliche Praxis nachzudenken.

B. Vanderbeke macht dabei neue Zugänge zur Literatur möglich. Sie ergänzen die traditionellen und für den Unterricht unverzichtbaren inhaltlich-thematischen, historisch-politischen, soziologischen oder psychologischen Lesarten. Eine solche neue Lesart ist vor allem die des Dekonstruktivismus. „Sie revolutioniert die Deutungsarbeit am literarischen Text, geht davon aus, dass der literarische Text nicht nur auf Autor, Adressat und die verhandelte Sache verweist, sondern autoreferentiell ist, d. h. stets auch sich selbst meint. […] Die Aufgabe der Textanalyse besteht nun darin, zuerst einmal die auf die Entnahme einer identifizierbaren Botschaft ausgerichtete Interpretation abzubauen um damit – wie ein Spuren suchender Archäologe – die selbstverweisende Schicht freizulegen." (Karl-Heinz Fingerhut: Ideen für den Unterricht 9/10. Berlin: Cornelsen 2003, S. 227 ff.)

Die Autorin selbst gibt diesen Weg vor, da sie – auch intertextuelle – Spuren der Vergangenheit legt. Mit ihrer Schreibweise, die auf Abweichung und Störung der „Normalität" angelegt ist, verbindet sie offensichtlich auch ein feministisches und damit politische Systeme übergreifendes Interesse. Solchen Spuren nachzugehen ist die Absicht der Kopiervorlagen (KV). Sie knüpfen zunächst an die stark von visuellen Reizen geprägten Rezeptionsgewohnheiten junger Leute an und nutzen sie für einen Zugang zum geschriebenen Wort. Die Spurensuche im Text hält zu sprachaufmerksamem Lesen an und versucht so mit B. Vanderbeke „hinter die Bilder" – wie z. B. öffentlich legitimierte und publizierte Gender-Muster – zu führen. In diesem Prozess werden noch weitere traditionelle Denkmuster rekonstruiert und gleichzeitig infrage gestellt: Väterrollen, Mütterrollen, Sonntagsrituale etc.

Es sind besonders die letzten KV, die das schwierige Verfahren der Dekonstruktion übernehmen. Hier bieten die Arbeitsblätter Möglichkeiten Textebenen zu differenzieren und schichtweise zu sezieren. Weil er hohe Anforderungen an die Konzentrations- und Abstraktionsfähigkeit der Schülerinnen und Schüler stellt, erscheint dieser Teil vor allem für Leistungskurse geeignet.

Bei den einzelnen Sequenzen des vorliegenden Heftes können je nach Lerngruppe unterschiedliche Schwerpunkte gesetzt werden. Alle KV und nicht zuletzt die fächerübergreifenden Projektvorschläge im Schlussteil lassen sich für eine variable Planung des Unterrichts im Rahmen selbstständigen oder projektorientierten Lernens nutzen.

---

* Wir beziehen uns in diesem Heft auf
  Birgit Vanderbeke: Das Muschelessen. Fischer Taschenbuch 13783. Frankfurt a. M. [13]1997
  (1. Auflage 1990, © Rotbuch Verlag, Berlin; © Rotbuch/Sabine Groenewold Verlage, Hamburg)

Einstieg

„Brief an den Vater"

Franz Kafka

Der Vater Hermann Kafka

Du hast mir […] schon früh das Wort verboten, deine Drohung: „kein Wort der Widerrede!" und die dazu erhobene Hand begleiten mich schon seit jeher. Ich bekam vor dir – du bist, sobald es um deine Dinge geht, ein ausgezeichneter Redner – eine stockende, stotternde Art des Sprechens, auch das war dir noch zu viel, schließlich schwieg ich, zuerst vielleicht aus Trotz, dann, weil ich vor dir weder denken noch reden konnte. Und weil du mein eigentlicher Erzieher warst, wirkte das überall in meinem Leben nach. Deine äußerst wirkungsvollen, wenigstens mir gegenüber niemals versagenden rednerischen Mittel bei der Erziehung waren: Schimpfen, Drohen, Ironie, böses Lachen und – merkwüdigerweise – Selbstbeklagung.

25 […]
Schrecklich war mir zum Beispiel dieses: „Ich zerreiße dich wie einen Fisch", trotzdem ich ja wusste, dass dem nichts Schlimmeres nachfolgte (als kleines Kind wusste ich das allerdings nicht), aber es entsprach fast meinen Vorstellun-

30 gen von deiner Macht, dass du auch dazu imstande gewesen wärest. […]
Ein besonderes Vertrauen hattest du zur Erziehung durch Ironie, sie entsprach auch am besten deiner Überlegenheit über mich. Eine Ermahnung hatte bei dir gewöhnlich diese

35 Form: „Kannst du das nicht so und so machen? Das ist dir

wohl schon zu viel? Dazu hast du natürlich keine Zeit?" und ähnlich. Dabei jede solche Frage begleitet von bösem Lachen und bösem Gesicht. Man wurde gewissermaßen schon bestraft, ehe man noch wusste, dass man etwas Schlechtes getan hatte. Aufreizend waren auch jene Zurechtweisungen, 40 wo man als dritte Person behandelt, also nicht einmal des bösen Ansprechens gewürdigt wurde, wo du also etwa formell zur Mutter sprachst, aber eigentlich zu mir, der dabeisaß, zum Beispiel: „Das kann man vom Herrn Sohn natürlich nicht haben" – und dergleichen. (Das bekam dann sein 45 Gegenspiel darin, dass ich zum Beispiel nicht wagte und später aus Gewohnheit gar nicht mehr daran dachte, dich direkt zu fragen, wenn die Mutter dabei war. Es war dem Kind viel ungefährlicher, die neben dir sitzende Mutter nach dir auszufragen, man fragte dann die Mutter: „Wie geht es dem Va- 50 ter?" und sicherte sich so vor Überraschungen.) […]
Ganz unverträglich mit dieser Stellung zu deinen Kindern schien es zu sein, wenn du, was ja sehr oft geschah, öffentlich dich beklagtest. Ich gestehe, dass ich als Kind (später wohl) dafür gar kein Gefühl hatte und nicht verstand, wie du über- 55 haupt erwarten konntest Mitgefühl zu finden. Du warst so riesenhaft in jeder Hinsicht; was konnte dir an unserem Mitleid liegen oder gar an unserer Hilfe? Die musstest du doch eigentlich verachten, wie uns selbst so oft. Ich glaubte daher den Klagen nicht und suchte irgendeine geheime Absicht 60 hinter ihnen. Erst später begriff ich, dass du wirklich durch die Kinder sehr littest, damals aber, wo die Klagen noch unter anderen Umständen einen kindlichen offenen, bedenkenlosen, zu jeder Hilfe bereiten Sinn hätten antreffen können, mussten sie mir wieder nur überdeutliche Erziehungs- 65 und Demütigungsmittel sein, als solche an sich nicht sehr stark, aber mit der schädlichen Nebenwirkung, dass das Kind sich gewöhnte gerade Dinge nicht sehr ernst zu nehmen, die es ernst hätte nehmen sollen. […]

Brief an den Vater. Stuttgart: Reclam 1995 (Bd. 9674)

---

1 Dieser Brief wurde im Jahre 1919 geschrieben.
Fügen Sie Formulierungen ein, die Sie aus Birgit Vanderbekes Erzählung *Das Muschelessen* 1990 entnehmen.

2 Warum ist es möglich, die beiden Texte miteinander zu verschränken?

3 Wie müssen wir uns den Vater im *Muschelessen* vorstellen? Fertigen Sie eine Collage aus Vaterbildern an, die zu dem in der Erzählung abwesenden Vater (nicht) „passen", und sprechen Sie darüber.

4 Entwerfen Sie ein Begriffsdiagramm, das Bezeichnungen für einen „Vater" und seine Rollen in einem Wortfeld sammelt und strukturiert.

Einstieg

„Brief an den Vater"

Der *Brief an den Vater* ermöglicht in der Eindeutigkeit seiner Aussage und kommunikativen Gestaltung einen Einstieg in die Grundproblematik des *Muschelessens*: Identitätsfindung unter den Bedingungen hierarchisch geordneter und autoritär kommunizierter Familienbeziehungen.

In der Beschreibung des Vaters manifestiert sich die autoritäre Prägung F. Kafkas und gleichzeitig sein Versuch sich schreibend selbst zu befreien. Die Rekonstruktion der väterlichen Redeweise – aus dem Abstand von 30 Jahren – soll für F. Kafka deren Dekonstruktion und damit die Loslösung aus der autoritären Bindung einleiten. In dieser Schreibweise folgt ihm B. Vanderbekes Ich-Erzählerin.

Damit ermöglicht der Brief den Zugriff auf zentrale thematische und sprachliche Aspekte der Erzählung: die Abrechnung mit dem „Gesetz" des Vaters, dessen Sprache und Kommunikationsstil. Dies wird durch die Methode der Interpolation möglich. Die Intertextualität als Fähigkeit eines Textes, sich auf einen anderen zu beziehen, macht die „Gleichzeitigkeit" bzw. „lange Dauer" von zeitlich weit auseinander liegenden Erfahrungen und Mentalitätsprofilen wie z. B. Erziehungsstilen, Familiensituationen und Sprechweisen erkennbar.

„Die Pluralisierung der Lebensstile [...]" habe „zu einer Verringerung der Konfliktpotenziale und damit zu einer Entdramatisierung des Generationenkonflikts geführt", unterstellt Klaus-Michael Bogdal (DU 52, 2000, S. 3) und begründet damit das für ihn nachweisbare Verschwinden des Generationenkonflikts aus der zeitgenössischen Literatur. Dies gilt für die Erzählung B. Vanderbekes nicht: Die Bewältigung oder Nicht-Bewältigung der Auseinandersetzung mit dem „Gesetz" des Vaters steht hier nach wie vor im Zentrum jugendlicher Identitätsfindung. Die Erfahrungen der Schülerinnen und Schüler mit ihren oft liberalen „Verhandlungsfamilien" lassen dabei das Vaterbild B. Vanderbekes den Erfahrungen F. Kafkas und des beginnenden 20. Jahrhunderts näher stehen als denen des beginnenden 21. Jahrhunderts. Viele Schülerinnen und Schüler empfinden die von B. Vanderbeke dargestellten Familienverhältnisse als „überholt" und für heutige Verhältnisse realitätsfern. Es bleibt dem Verlauf der Beschäftigung mit der Erzählung vorbehalten, dies möglicherweise auch aus dem Nachwirken autoritärer politischer Strukturen und Sozialisationsmuster im Weltbild und Kommunikationsstil des Vaters zu erklären oder aus den vielfältigen Fremdheitsverhältnissen einer Migrationsfamilie, die ihre „Normalität" neu bestimmen muss. Die Erzählung demonstriert im Ergebnis die Vergeblichkeit solcher unter überholten Leitbildern unternommenen Lebensanstrengungen.

1 Die Möglichkeiten der Verschränkung sind vielfältig, sie betreffen u. a. Formulierungen wie:
„Das soll mein Sohn sein, das ist die reinste Enttäuschung."(S. 37), „Natürlich ist eine Mutter schuld, wenn ihr Sohn so stinkend faul ist."(S. 39), „Ein Mann wünscht sich einen Sohn. Auf den er stolz sein kann."(S. 40), „Das bringt nicht einen Motor zum Laufen."(S. 51), „Hör auf mit dem Geklimpere." (S. 52), „Antworte gefälligst." (S. 82)

2 Ursächlich für die Vergleichbarkeit erscheinen Gemeinsamkeiten in
– der Struktur der dargestellten Familienverhältnisse (Kleinfamilienstruktur, patriarchalische Muster, Rollenverteilung zwischen den Ehepartnern, Rolle der Mutter als Medium des Vaters und Sündenbock resp. Schuldige bzw. die, die alles „ausbügelt"),
– den Merkmalen väterlicher Performanz, konkretisiert in Gesten (Schlagen) und Sprechakten (Drohen, Beschuldigen, Schimpfen, Demütigen, Herabsetzen, aber auch „Selbstbeklagung"). Die Sprachperformanz zeigt auch die Neigung zu autoritärer Nominalisierung: „ein Mann" oder „das Geklimper"(Ironie): Rollenprofil des Mannes als „Macher",
– der Struktur der Erfahrungen, die für die Familien jeweils kennzeichnend sind: gegenseitige Erwartungen und deren „Enttäuschung",
– der Gestaltung der Auseinandersetzung mit dem Vater als – dekonstruierender – Erinnerungsvorgang.

3 Die Aufforderung, eine Collage anzufertigen, soll die aus der Textarbeit gewonnenen Ergebnisse zu den eigenen öffentlich oder privat vermittelten „Vaterbildern" der Schülerinnen und Schüler in Beziehung setzen. In der Beschreibung dieser Bilder können Kriterien der Differenzierung entwickelt werden, die für eine genaue Lektüre sensibilisieren sollen: Interaktionsformen, Kleidung, Statussymbole, Rollenbilder usw.

Männerbilder in Modezeitschriften, in Familienzeitschriften, in der Werbung zeigen, dass Väter ihrer Funktion des Erzeugers, Beschützers und Versorgers heute weitgehend enthoben sind. Es gibt Unterschiede zur patriarchalisch geprägten Vergangenheit, aber auch aktuelle Unterschiede zwischen „zärtlichem Vater", teilnehmendem „Partner" oder körperverliebtem Einzelgänger. Es bleibt dem – auch regional unterschiedlichen – Erfahrungshorizont der Schülerinnen und Schüler überlassen, welche „Bilder" sie reproduzieren und zu den Vorgaben der Erzählung in Beziehung setzen.

4 Ein Diagramm als Gegenüberstellung eines eher **konservativen** (Familienoberhaupt, Erzeuger, Stammvater, Hausherr, Familientyrann ...) und eher **liberalisierten** (Hausmann, Freizeitgestalter, Partner, Kumpel ...) Begriffsprofils ließe sich als Ergebnis an der Tafel fixieren.

Einstieg

Vaterbilder im Wandel

Heinrich Mann

Fürchterlicher als Gnom oder Kröte war der Vater und obendrein sollte man ihn lieben. Diederich liebte ihn. Wenn er genascht oder gelogen hatte, drückte er sich so lange schmatzend und scheu wedelnd am Schreibpult umher, bis
5 Herr Heßling etwas merkte und den Stock von der Wand nahm. Jede nicht herausgekommene Untat mischte in Diederichs Ergebenheit und Vertrauen einen Zweifel. Als der Vater einmal mit seinem invaliden Bein die Treppe he- runterfiel, klatschte der Sohn wie toll in die Hände – worauf er weglief. 10

Dem Vater, der immer nur methodisch, Ehrenfestigkeit und Pflicht auf dem verwitterten Unteroffiziersgesicht, den Stock geführt hatte, zuckte diesmal die Hand und in die eine Bürste seines silbrigen Kaiserbartes lief, über die Runzeln hüpfend, eine Träne. 15

Der Untertan. München: dtv 1964 (Nr. 256/57), S. 5 f.

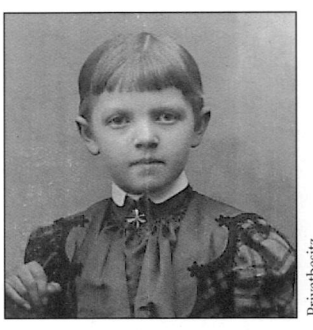   

Privatbesitz — Privatbesitz — © ullstein – Ruppert

Benjamin Lebert

Meine Zukunft sieht ziemlich rosig aus. Ich soll bei meinem Vater wohnen. Er ist inzwischen von zu Hause ausgezogen. Hat eine kleine Dreizimmerwohnung gemietet. Genau das Richtige für mich. Ich freue mich schon. Bald werde ich sieb-
5 zehn. Da soll sich im Leben ja gnadenlos was ändern. Ich bin der Junge, der sein linkes Bein nachzieht. In Menschenmassen bin ich fast nie. Außer ich befinde mich mit meinem Va- ter auf dem Rolling-Stones-Konzert. Da bin ich ganz vorne. Bei der Bühne. Mein Vater hat immer Angst, dass er nichts mitbekommt. Meine Haare sind seit dem Abschlussball was- 10 serstoffblond gefärbt. Das habe ich zusammen mit den Jungs [im Internat] gemacht. Wir sehen nun echt lustig aus. Wie Brüder. Janosch findet es crazy.

Crazy © 1999, 2001 by Kiepenheuer & Witsch Köln, S. 172 f.

Monika Maron

Zum Unglück meiner Kindheit gehörte, dass mein Vater Di- rektor der Schule war, deren Schülerin ich nach stadtbezirk- licher Schuleinzugsgebietsordnung zu sein hatte. Nach dem unerbittlichen Willen der Behörde aber blieben wir auch
5 außerhalb der familiären Häuslichkeit aneinander gefesselt. Die Abwesenheit meines Vaters hatte meine Erziehung zur Angelegenheit meiner Mutter werden lassen. Mein Vater griff nur ein, wenn es sich um meine politische Erziehung handelte. Dann setzte er sich zu mir an den runden Esstisch, auf dem die weiße Decke mit den blauen Punkten lag, und 10 sprach vom Bollwerk des Sozialismus, das den imperialisti- schen Kriegstreibern trotze, vom ruhmreichen Kampf der Kommunisten für die endgültige Befreiung der Menschheit, vom letzten Blutstropfen und heiligen Toten. Es war gleich- gültig, worüber er sprach, meistens hörte ich ihm kaum zu, 15 sondern war damit beschäftigt, ihn glauben zu machen, ich hörte zu.

Stille Zeile sechs.
© S. Fischer Verlag GmbH, Frankfurt a. M. 1993, S. 109 f.

1 Welches Foto passt am besten zu welchem Romanauszug?
Welche Zeit und welche Gesellschaft spiegeln sich in den Fotos und Texten wider?

2 Welcher Text steht B. Vanderbekes *Muschelessen* am nächsten?

3 Kleben Sie in das leere Feld ein Bild von sich selbst und beantworten Sie für sich die Frage:
„Will ich so werden wie mein Vater?"

Einstieg

Vaterbilder im Wandel

Mit dem Textvergleich kann für die besondere Gestaltung und besondere inhaltliche Akzentuierung der Familienproblematik bei B. Vanderbeke sensibilisiert werden.

In der Kontrastierung wird die Nähe der von B. Vanderbeke dargestellten Erziehungspraktiken zu überholten Denk- und Verhaltensmustern deutlich, aber auch der Prozess der Überwindung und Relativierung solcher Mentalitäten in der zweiten Hälfte des 20. Jahrhunderts, zuletzt auch die bis heute andauernde „Gleichzeitigkeit des Ungleichzeitigen": Unter den Bedingungen totalitärer Gesellschaften oder auch einer sozial verunsicherten Männer- und Vätergeneration zeigen sich kontinuierlich bis in die Gegenwart autoritäre väterliche Verhaltensmuster neben antiautoritären liberalisierten Verhaltensweisen. Dies beweist z. B. die Gleichzeitigkeit autoritärer (M. Maron) und antiautoritärer (B. Lebert) Verhaltensmuster in den Veröffentlichungen der letzten Jahre. Dies zeigen aber auch ganz aktuelle Selbstaussagen von Schülerinnen und Schülern, wie beispielsweise: „Ich werde bestimmt nicht wie mein Vater. Mein Vater ist Türke und deshalb sehr streng. Ich könnte zum Beispiel nie einen Freund mit nach Hause bringen. […] Ich kann mir wirklich nicht vorstellen, einmal zu werden wie er." (Hessisch-Niedersächsische Allgemeine v. 14. 4. 2004)

Innerhalb dieses Bezugsrahmens eröffnen textanalytische und produktive Zugänge gleichermaßen Möglichkeiten der Selbstverortung und Selbstreflexion wie auch eine gespannte Erwartungshaltung gegenüber den Sichtweisen und Darstellungstechniken eines fiktionalen Textes wie dem *Muschelessen*.

1/2 Bei der genauen Textbeschreibung ist folgende Unterscheidung und im Hinblick auf den fortschreitenden Prozess der „Liberalisierung" folgende Datierung möglich (in chronologischer Reihenfolge).

1 Eher affirmative Einstellung des Kindes zum autoritären Duktus des Vaters bei Heinrich Mann, aber gleichzeitige ironische Distanz des Erzählers (*Der Untertan*, veröffentlicht 1918). Eindruck eines eingeschüchterten Kindes (Foto 1). Zur Datierung können auch Hinweise aus dem Text herangezogen werden wie: „Kaiserbart" und „Unteroffiziersgesicht".

2 „Entdramatisierung des Generationenkonflikts" und das völlige Verschwinden von Autorität und Autoritätsvorgaben (schulische Leistung, Frisurvorgaben) bei Benjamin Lebert (*Crazy*, 1999). Foto 2. Zur Datierung können auch Textverweise auf die Rolling Stones herangezogen werden.

3 Distanzierte Beschreibung der zwanghaften Fixierung des Vaters auf die Vorgaben des sozialistischen Gesellschaft bei Monika Maron (*Stille Zeile sechs*, 1991). Stereotypisiert konformes Erscheinungsbild (Foto 3).

Die folgende Tabelle kann evtl. als Hilfestellung an die Schülerinnen und Schüler ausgeteilt werden:

	Frühes 20. Jahrhundert	Deutschland nach 1945	nach 1990
Politischer Hintergrund	(vor)moderne Gesellschaft Monarchie	Neuorientierung nach der Zeit des Nationalsozialismus: Demokratie/Sozialismus	Ende der DDR
Gesellschaftliche Werte	Existenz von „ewigen" Werten wie „Ehre" und „Pflicht" in einem Obrigkeitsstaat	Existenz von festen Werten in einer sich demokratisch und/oder sozialistisch neu orientierenden Gesellschaft	Pluralität und „Liberalität" der Werte und Normen
Familienstruktur und -status	Befehlsfamilie, patriarchalisch-autoritär	DDR: Aufhebung der Privatheit der Familie als „bürgerliches" Relikt; öffentliche Versorgung und Erziehung der Kinder; BRD: zunehmende Gleichberechtigung, seit 1968 „antiautoritäre" Erziehung	Tendenz zur Verhandlungsfamilie
Generationsverhältnis	komplementär	potenziell konfliktbeladen	Entdramatisierung des Generationskonfliktes

2 Tafelanschrieb (Positionierung B. Vanderbekes offen)

1918	1945		1991/92	1999	2004
F. Kafka/H. Mann		M. Maron		B. Lebert	„ich"
			B. Vanderbeke		
Autoritäre Muster väterlichen Verhaltens	unter totalitären Bedingungen verstärkt		durch Wandel liberalisiert	neu belebt unter Bedingungen sozialen Wandels?	

Die Vielfalt der Antworten innerhalb der jeweiligen Lerngruppe soll zu der Frage führen: Wie erklärt sich die autoritäre Erziehungspraxis im *Muschelessen* angesichts der allgemein erkennbaren Liberalisierung der Erziehungsstile?

Familienleben in Wendezeiten: Der Vater

Ein Leben im Übergang von Ost nach West

<table>
<tr><td>

Lebenslauf

Name _____

Geburtsdatum _____

Geburtsort _____

Konfession _____

Eltern _____

Staatsangehörigkeit _____

Geschwister _____

Familienstand _____

Zahl der Kinder _____

Hobbys _____

Ausbildungsdaten
Schulbildung/Hochschulabschluss

_____

Sprachkenntnisse _____

Beruflicher Werdegang _____

Derzeitiges Beschäftigungsverhältnis

_____

Berufliches Ziel _____

</td></tr>
</table>

2,6 Millionen Flüchtlinge 1949–1961	
Jahr	Zahl der Flüchtlinge aus der DDR
1949	129 245
1950	197 788
1951	165 648
1952	182 293
1953	331 390
1954	184 198
1955	252 870
1956	279 189
1957	261 622
1958	204 092
1959	143 917
1960	199 188
1961	103 159

© ullstein-Möller

DDR-Aussiedler im Notaufnahmelager Gießen (1984)

1 Erarbeiten Sie aus B. Vanderbekes Erzählung den Lebenslauf des abwesenden Vaters.

2 Suchen Sie Zitate, die die Verbindung seines Lebenslaufs zu den dargestellten historischen Ereignissen dokumentieren.

3 Welcher Lebensentwurf wird hinter dem Lebenslauf des Vaters erkennbar? Welche Möglichkeiten zur Umsetzung seines Lebensziels gibt ihm seine Position als Angestellter in einem westdeutschen Unternehmen?

Entwicklung der DDR	
1948	Berliner Blockade und eigene Währungsreform in der SBZ und Berlin (Ost)
1949	Oktober: Staatsgründung
1950	Walter Ulbricht Generalsekretär der SED Einführung der Planwirtschaft Aufbau der Grundlagen des Sozialismus
17.6.53	Volksaufstand
1961	Berliner Mauer
1989	Massenflucht und friedliche Revolution

Familienleben in Wendezeiten: Der Vater

Ein Leben im Übergang von Ost nach West

Mit der Rekonstruktion der Lebensgeschichte des Vaters verbindet diese KV die Erarbeitung der historischen Hintergründe der dargestellten Familiensituation. Die väterliche Biografie spielt im Wahrnehmungshorizont der Tochter eine wichtige Rolle, da der Vater in der Erziehung seiner Kinder immer wieder darauf Bezug nimmt. Das betrifft die Ebene der objektiven Gegebenheiten: seinen Geburtsort, seine Eltern, seine Ausbildung; er erwähnt die individuelle Bewältigung von Schlüsselsituationen (z. B. Bewährung im Beruf, Prüfungen, „Skandal" der Hochzeit, S. 30), aber auch historische Umbrüche (den Gang in den Westen) und die Aufstiegsorientierung in einer neuen Umwelt (Tagungen, Dienstreisen, Konzertbesuche, Aktienkäufe, maßgeschneiderte Anzüge, Urlaubsreisen, teurere Autos, Bayreuth etc.). Dabei vermischen sich biografische Daten und subjektiv Erinnertes. Beide formen ein Bild des Vaters als eines von „ganz unten" nach „oben" (S. 9, 75) strebenden, d. h. aufstiegsorientierten, effektiv arbeitenden, seine Familie in Ordnung haltenden Erzeugers und Versorgers, der auch von seinen Kindern so gesehen wird („außergewöhnliche […] Fähigkeiten", S. 8).
Abstrakt formuliert handelt es sich um eine Biografie in „Übergangszeiten", die in sich Erfahrungen der „Verschiebung[en] weg vom Normalen" (S. 33) enthält: eine Mutter, die „fremd" und „anders" ist, keinen namentlich bekannten Vater, den Übergang von Ost nach West, den Aufstieg von unten in eine jeweils höhere Schicht der Angestellten.
Der linear-stereotype Lebenslauf entspricht einem Lebensentwurf, der eine „dunkle" Vergangenheit vergessen machen will. Daher das „Blattgold" (S. 80) auf dem Grabstein der „anderen Großmutter". Dies erklärt auch das zwanghafte Verhalten gegenüber den Kindern und der – eigentlich aus einer besseren Familie stammenden – Ehefrau. Er will „seine Herkunft nicht merken […] lassen" (S. 76).

---

1 Name (namenlos) „der Vater"

Geburtsdatum lebt vor 1989 u. nach 1965 (S. 45): hat zu dieser Zeit schon heranwachsende Kinder, also geb. ca. 1945

Geburtsort „Dorf im Osten" (S. 80)

Konfession ohne Bedeutung

Eltern ohne Namen, Mutter „Ausländerin" (S. 76), „unehelich" (S. 75), Vater unbekannt

Staatsangehörigkeit Bürger der DDR, später der BRD

Geschwister keine

Familienstand verheiratet

Zahl der Kinder zwei (eine Abtreibung)

Hobbys Briefmarkensammeln, Sportschausehen

Ausbildungsdaten Studium der Mathematik (nach dem Abschluss der Polytechnischen Oberschule in der DDR)

Sprachkenntnisse einzelne Sprachbrocken Englisch, von Russisch ist nicht die Rede

Beruflicher Werdegang ein Tag auf dem Bau (S. 30), sonst nur Arbeit im Büro mit Sekretärin (S. 107)

Derzeitiges Beschäftigungsverhältnis höherer Angestellter in einer Firma mit Beförderungsaussichten (S. 8, 26)

Berufliches Ziel „höchster Angestellter" (S. 94)

---

2 „Sachen hinübergeschafft nach Westberlin" (S. 11), „in den Westen" (S. 90) gegangen, d. h. noch vor 1961 (Kinder schon geboren), „geflüchtet […] über den Stacheldraht" (S. 11), „im Flüchtlingslager" (S. 31)

3 Stereotyp lineare, autoritär „rasche" Karriereplanung. Denken in „Meilensteinen" (S. 8) des „Erfolgs". Im Westen eher möglich, „im Osten war es leider das Falsche gewesen, deswegen auch die Flucht" (S. 49). Überwindung des heimischen „Provinzialismus" (S. 45), des „Schmuddeligen" (S. 75). Möglichkeit „aus kleinen Verhältnissen heraus und hoch zu kommen" (S. 77). Weitergehende, beispielsweise politische Gründe für die Flucht in den Westen werden nicht genannt.
Es geht in Ost und West darum, „das Niedere" abzulegen. „Mein Vater hat meine Mutter extra Blattgold im Westen besorgen und hinschicken lassen, weil es drüben kein Blattgold gab." (S. 80) Die psychosozialen Ursachen für das Entstehen von Lebensentwürfen werden für die Schülerinnen und Schüler an einem Beispiel nachvollziehbar.

Tafelbild

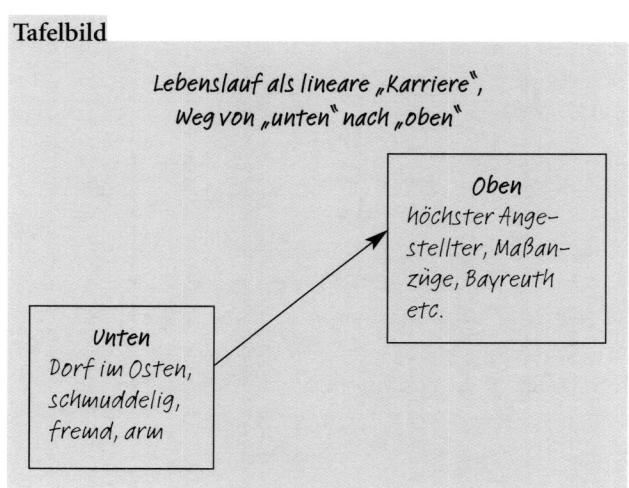

Familienleben in Wendezeiten: Der Vater

Angestellter im Westen

Alexander Mitscherlich

Auf dem Weg zur vaterlosen Gesellschaft

Im rückschauenden Gespräch Erwachsener fällt häufig die Äußerung: „Meinen Vater [...] habe ich eigentlich nie gekannt." Selbst in der familiären Gesellung überschattet das *Rollenverhalten* zwischen Eltern und Kindern häufig die
5 Verständigung. [...] Zwischen brutalem Zwang und achtloser Unbeteiligtheit liegt die Streuungsbreite der Missverständnismöglichkeiten. So kann der Vater heftige oder milde Autorität für die Kinder sein, aber, was er denkt, welche Ängste ihn bedrücken, welche Versagungen er ertragen
10 muss, welchen Verführungen er erliegt oder welcher er sich erwehrt, das kommt fast nie zur Sprache zwischen Eltern und Kindern. [...] Dieses „Vater kennt keine Angst [...], hat immer Recht" und so weiter kehrt in der idealisierten Imago [Bild] einer konfliktfreien Persönlichkeit wieder, die als Vor-
15 bild absoluter Normtreue dem fehlbaren Individuum vorgesetzt wird. Wobei in der kleinen Distanz der Intimgruppe Kontakt mit dem anderen und Wissen um den anderen verloren geht, mindestens zum Verstummen gebracht wird. [...]

München: Piper 1963, S. 84

1 A. Mitscherlich nimmt in seinem Text Bezug auf die Rolle des Familienvaters als „Vorbild absoluter Normtreue". Wie erklärt er Ursachen und Folgen eines solchen Rollenbildes?

2 Der fiktive Text von H. M. Enzensberger eröffnet einen Einblick in das Innere eines Mannes, der wie der abwesende Vater in B. Vanderbekes *Muschelessen* von Beruf „Angestellter" in einer „Firma" ist.
Untersuchen Sie, „was er denkt und welche Ängste ihn bedrücken" und wie er dies „zur Sprache" bringt.

3 a Schreiben Sie den Text von H. M. Enzensberger weiter, indem Sie Aussagen des Vaters über seine Familie aus dem *Muschelessen* anfügen. Oder:
b Übernehmen Sie die Rolle des abwesenden Vaters und schreiben Sie aus der Kenntnis seiner beruflichen und privaten Erfahrungen einen „Abschiedsbrief" an seine Familie. Sprechen Sie über Ihre Ergebnisse.

Hans Magnus Enzensberger

Der Angestellte

Nie hat er jemanden umgebracht. Nein,
er wirft aus Versehen Flaschen um.
Er möchte gern, schwitzt, verliert
seinen liebsten Schlüssel. Immerzu
erkältet er sich. Er weiß, daß er muß.   5
Er mutet sich Mut zu, er gähnt,
er tupft seinen Gram auf den Putz.
Er denkt, lieber nicht. Eingezwängt
in zwei Schuhe, beteuert er bleich
das Gegenteil. Ja, er meldet sich an   10
und ab. Das Gegenteil sagt er von dem,
was er sagen wollte. Eigentlich, sagt er,
eigentlich nicht. Der Anzug ist ihm zu eng,
zu weit. Seine Stelle schmerzt. Nein,
seine eigene Handschrift kann er schon längst   15
nicht mehr lesen. Er hat sich scheiden lassen,
vergebens. Kein Mensch ruft ihn an. Überall
juckt es ihn. Sein Kugelschreiber läuft aus,
beim besten Willen. Er ist öfters vorhanden,
in jedem Zimmer einmal, immer allein.   20
Er schneidet sich beim Rasieren. Ja,
er paßt nämlich immer auf, sonst
kann er nicht schlafen. Er schläft.
Alles meckert, alles was recht ist,
alles lacht über ihn. Er merkt nicht,   25
was los ist. Das merkt er. Sein Kopfweh
ist unpolitisch. Er stellt sich an,
er stottert schon wieder, verschluckt sich.
Was er vorhin hat sagen wollen, das hat er
vorhin vergessen. Er hat vergessen,   30
sich umzubringen. Beim besten Willen.
Heimlich lebt er. Nein, er darf nicht,
aber er müßte. Er hat keinen Krebs,
aber das weiß er nicht. Sein Hut schwitzt.
Es ist ihm noch nie so gut gegangen   35
wie jetzt. Eigentlich möchte er nicht,
aber er muß. Er weint beim Friseur. Ja,
er ist anstellig, er entschuldigt sich.
Ja, er schreibt, ja, er kratzt sich,
ja, er müßte, aber er darf nicht, nein,   40
seinen Jammer hat niemand bemerkt.

Die Furie des Verschwindens.
© Suhrkamp Verlag Frankfurt a. M. 1980, S. 14 ff.

Familienleben in Wendezeiten: Der Vater

Angestellter im Westen

Auf dieser KV wird der Versuch unternommen die sozialen „Ängste", die den Vater bedrücken, durch ihn selbst zur Sprache kommen zu lassen und dabei an seine berufliche Situation zu binden, sozusagen sozialpsychologisch zu verfahren. Die Rollenübernahme soll für den sozialen Druck sensibilisieren, dem sich viele Väter ausgesetzt sehen, und damit einer einseitigen Verurteilung vorbeugen. Der didaktische Ansatz verbindet inhaltliche Fragen der Identitätsbildung mit Fragen der Sprachreflexion: In der Sprechweise zeigt sich das gesellschaftliche Drucksystem, das der Angestellte in seiner Rolle als Vater an die Kinder weitergibt.

Angestellte nehmen in der betrieblichen Hierarchie einer „Firma" gegenüber der Arbeiterschaft eine „höhere" oder gar „leitende" Stellung ein. Sie planen und verwalten die Produktion oder betreuen kaufmännische Abläufe. Sie befinden sich in einer Zwischenstellung: Sie suchen eine „dienende" Funktion gegenüber ihren Vorgesetzten, andererseits grenzen sie sich „nach unten" gegenüber Arbeitern und Untergebenen ab. Sie werden häufig klassifiziert nach ihrer Mentalität: aufstiegsorientiert, bildungsbeflissen, mit dem Drang zum „Sauberbleiben". Diese Rolle kann Macht über den Menschen gewinnen: Sie prägt sein Verhalten und seine kommunikativen Möglichkeiten. Die Sprechweise des Angestellten ist bei H. M. Enzensberger durch eine Double bind-Struktur geprägt, hier in dem allgemeinen Verständnis: „Verwirrung stiftende Kommunikation" („Eigentlich, sagt er, eigentlich nicht.")

Die Situation in der Familie ist der von A. Mitscherlich beschriebenen vergleichbar: gekennzeichnet von Missverständnissen zwischen Vater und Kindern und dem zwanghaften Bemühen des Vaters sich selbst als „Vorbild absoluter Normtreue" zu setzen. („Schau doch mich an, von nichts kommt nichts.", S. 79). Der berufliche Aufstieg vom „höheren" zum „höchsten" Angestellten in „raschestem Tempo" (S. 94) legitimiert ihn auch für seine dominante Rolle innerhalb der Familie. Seine Ängste bleiben dabei unausgesprochen.

In der produktiven Fortschreibung der Sprachmuster, die H. M. Enzensberger entwirft, können weitergehende Erkenntnisse zum Sozialprofil des Vaters und seinem Selbstbild unmittelbar verarbeitet werden. Andererseits kann die Rollenübernahme verdeutlichen, wie das Verhalten des Vaters einem zwanghaften Mechanismus von Selbstzweifeln und Selbstvergewisserung unterliegt, in den auch die Wahrnehmung seiner Familie eingebunden ist: Er zeigt Angst vor deren „Heimlichkeiten" (S. 53), vor dem Versagen des Sohnes, vor seiner „dunklen" Vergangenheit etc. Auch in seiner Sprache finden sich Elemente einer Double bind-Kommunikation (vgl. S. 82: „antworte gefälligst"), die seine Familie verwirren (S. 103).

1 Ursachen: Verdrängung von Ängsten und Versagungen
Folgen: Missverständnisse, ein falsches Bild der Kinder vom Vater, Verstummen

2 Im Hinblick auf die Besonderheiten der Sprache fallen beispielsweise häufige Negationen auf: „Nie, nein, nicht, nein, niemand [...]"
Die Negation gilt als ein Mittel in bestimmter kommunikativer Absicht: Mit ihrer Hilfe werden Annahmen in Abrede gestellt, Behauptungen zurückgewiesen oder Verbote ausgesprochen. Mit ihrem häufigen Gebrauch signalisiert der Sprecher ein abwehrendes, sich selbst entlastendes, fast entschuldigendes Verhalten, das gleichzeitig ein geradezu zwanghaftes Eingeständnis eigenen Fehlverhaltens signalisiert.
Zwischen dem, was er gerne möchte, und dem, was er — enttäuschend — wirklich tut, werden ständig Spannungen und „Gleichzeitigkeiten" aufgebaut, die eine gewisse Schizophrenie bzw. Blockierung erkennen lassen: Er meldet sich gleichzeitig an und ab. Er müsste …, aber er darf nicht. Alles formuliert in der 3. Person, in erlebter Rede, die die Nichtidentifikation mit sich selbst signalisiert. Ein niedriges Selbstwertgefühl wird erkennbar: das Bild einer unsicheren diffusen Identität.

3 a „Nein, seine eigene Familie kennt er schon längst nicht mehr. Er möchte gern öfter zu Hause sein, aber er kann nicht. Er müsste sich noch mehr um die Kinder kümmern, aber er darf nicht, seine Karriere geht vor. Er schwitzt, das merkt er. Er merkt nicht, was los ist: Was seine Kinder so treiben, geht an ihm vorbei, nein, beim besten Willen, nein, er darf nicht schwach werden. …" Vergleiche dazu die – daraus folgende – Sprechweise der Tochter: „[...] aber es ist natürlich kein Zeichen gewesen [...], aber das ist es sicherlich nicht gewesen [...], schließlich haben wir immer [...], allerdings in einem ganz anderen Sinn" (S. 5).

b Dieser Rollenwechsel in die Innenperspektive des Vaters kann – je nach Maßgabe der von den Schülerinnen und Schülern erfassten Zusammenhänge – einen Text produzieren, der mehr auf Verständnis für die Aufstiegswünsche des Vaters, auf Mitgefühl, bezogen auf seine Enttäuschungen, auf Erschrecken, bezogen auf seinen plötzlichen Unfalltod, oder auf Befremden gerichtet sein kann angesichts seiner Fixierung auf noch „mehr Karriere" oder noch „schönere Frauen".

(Schülerbeitrag: „Er ist mit seiner attraktiven Sekretärin durchgegangen.")

„So verteilt, wie er gedacht": Die Rolle der Mutter

Entwürfe von Weiblichkeit

Soziale Identität oder: Was von einer Mutter erwartet wird

Birgit Vanderbeke

[…] und da war es schon gut, dass sie zusammengehalten haben, weil meine Mutter Geld verdiente und niedrige Arbeit machte, das Windelkochen in diesem riesigen Topf und Essen und Einkauf und Kinder, was ihm alles schrecklich auf
5 die Nerven gegangen ist, mein Vater war nicht für solchen Kleinkram gemacht, und wir wären glatt erfroren damals, wenn meine Mutter nicht Kohlen geschleppt hätte. Wenn ich dich nicht hätte, hat er gesagt. […] Mach mir bloß nicht schlapp, hat er auch gesagt, weil sie die Lehrerinnenprüfung
10 ja auch wiederholen musste im Westen. […] Als meine Mutter zum dritten Mal schwanger war, im Lager, hat sie gesagt, ein drittes kann ich nicht schaffen, da hat er ihr starke Vorwürfe machen müssen, weil mein Vater moralisch gewesen ist von jung an, und wie die Abtreibung schief gegangen ist
15 hinterher […], das hätte die Ehe, dieses Zusammenleben, fast nicht überlebt. Wie siehst du denn aus, hat mein Vater zu ihr jeden Morgen gesagt, wenn sie im Bademantel aufstand zum Kaffeekochen. […] du solltest mal zum Friseur. […] Später, da ist sie […] noch schnell im Bad verschwunden
20 und hat sich gekämmt, so gut sie konnte, toupiert; […] und Lippenstift hat sie sich schnell auf die Lippen gemalt. […] oft ist es dann passiert, dass sie Lippenstift an den Zähnen hatte, und das hat meinem Vater allergründlichst die Stimmung verdorben, der Anblick, weil die Damen in seinem
25 Büro, die Sekretärin zum Beispiel, die feinste Augenweide geboten haben.

Das Muschelessen, S. 30 f., S. 36

Persönliche Identität oder: Wie eine Mutter sich selbst sieht

Fragebogen
1 Wo möchten Sie leben? _____
2 Ihre Lieblingsgestalten der Literatur? _____
3 Ihre Lieblingsmusik? _____
4 Ihre Lieblingspflanze? _____
5 Wer oder was hätten Sie sein mögen? _____
6 Ihr Traum vom Glück? _____
7 Wovor haben Sie Angst? _____
8 Welche natürliche Gabe möchten Sie besitzen? _____
9 Ihr größter Fehler? _____
10 Welche Eigenschaften schätzen Sie bei einem Mann am meisten? _____
11 Ihr Hauptcharakterzug? _____
12 Ihre gegenwärtige Stimmungslage? _____

1 Beantworten Sie für die Mutter den vorliegenden Fragebogen. Suchen Sie passende Zitate aus dem *Muschelessen*.

2 Wie verhalten sich die Erwartungen des Vaters und der Familie, wie sie in dem Textauszug oben erscheinen, zu dem, was die Mutter selber vom Leben erwartet?

3 Gestalten Sie eine Collage, in der Sie sich mit aktuellen „Mutterbildern" auseinander setzen.

„So verteilt, wie er gedacht": Die Rolle der Mutter

Entwürfe von Weiblichkeit

Im thematischen Fokus erscheinen hier wie bei der Analyse der Vaterfigur entsprechend den Vorgaben der Lehrpläne für die Sekundarstufe II z. B. in Hessen „Identitäten" und „Lebensentwürfe".

Der Begriff „Identität" umfasst einen Bedeutungskern, der Soziologie und Psychologie gemeinsam ist. Identität beinhaltet danach die Definition einer Person als einmalig und unverwechselbar durch die soziale Umgebung wie durch das Individuum selbst. So enthält Identität mindestens zwei Komponenten, die persönliche Identität, den „Brennpunkt, den sich das Individuum selbst konstruiert", und die soziale Identität, das Bild, das andere sich von einem machen bzw. das, was davon vom Individuum erfasst und angeeignet wird.

(Nach: Botho Kickhöfer: Psychologie. München: bsv 1994, S. 201). Insbesondere mit der sozialen Identität verbinden sich Rollenerwartungen, wie jemand sich zu verhalten hat und wie andere sich ihm gegenüber verhalten sollen. Damit entsteht ein „simuliertes Gefängnis" eigenen Verhaltens.

Wie eine Rolle Besitz ergreift von einer Person, lässt sich auch am Beispiel der Mutter erarbeiten. Ihr Selbstbild ist weitgehend abgeleitet aus den Erwartungen des Vaters an sie. Es gibt für sie – zunächst – keine Identität außerhalb der Rolle, sie hat „alles mitgemacht" (S. 95): Hausfrauenexistenz, Bedienen des Vaters, Färben der Fingernägel, Toupieren etc.

Der für die Tochter erkennbare Widerspruch zwischen ihrer „Ergebenheit" (vgl. S. 29) und ihrer tatsächlichen Leistung und Kompetenz signalisiert Nicht-Identität bzw. kampflos übernommene Identität. Die Folge ist der Zwang sich ständig umstellen zu müssen, ein dauerndes schlechtes Gewissen, „Schlechtigkeit" als Lebensgefühl bis zuletzt. „Meine Mutter hat ihm zugestimmt, dass sie keinen Pep hat." „Sie hat gedacht, sie sei ein Gefühlsmensch." (S. 28) „ Sie hat ausgerufen, dass der liebe Gott ihr verzeihen soll, weil sie so abgrundtief schlecht ist." (S. 104)

Mit dem Fragebogen wird bewusst kein lineares Modell zur Darstellung des Lebenslaufs der Mutter gewählt, sondern eine Innensicht eingeleitet, die erkennbar machen kann, was sie sich von dem angeeignet hat, was ihr als „Identität" von außen zugeschrieben worden ist. Diese übernommene Identität hat mit ihrem wahren Selbst wenig zu tun.

1

1 in den Bergen, Österreich, dörflich in, in hellen Möbeln (S. 43)
2 Effi Briest, Medea (S. 104)
3 Schubert, keine „moderne" Musik (S. 93)
4 Gräser, Zweige (S. 28)
5 Musikerin (S. 75)
6 Geige spielen (S. 27), Harmonie (S. 87/96), gute Noten des Sohnes (S. 39), ein bisschen verwildern (S. 17), sich einfach ein Kleid kaufen (S. 88)
7 vor der überraschenden Ankunft des Ehemannes (S. 26)
8 sich toupieren können, abstrakt denken können (S. 33)
9 Lippenstift nicht auftragen können, zu sparsam sein (S. 36, 56, 32 f.), eine graue Maus sein (S. 89)
10 naturwissenschaftliches Denken (S. 26 f.)
11 sparsam sein, sich umstellen können
12 melancholisch (S. 89)

Für die Rollenzuschreibung gelten Exklusionen und Inklusionen:

Exklusion: rational, erotisch, gepflegt, gesellschaftlich gewandt, Musikerin, respektiert

Inklusion: praktisch, Kochen, keine moderne Musik, gefühlig, sentimental, sparsam, Hausfrau

Am Beispiel des „Respekt-Habens" zeigt sich die Verhaltenszuweisung durch die Rolle besonders:

Als **Frau** hatte sie vor dem Vater einen „Heidenrespekt" (S. 26).

Die Kinder sind in der Familie nie auf den Gedanken gekommen vor „unserer **Mutter** Respekt zu haben" (S. 18 f.). „Die Schüler aber hatten alle Angst vor ihr." In der Rolle der **Lehrerin** erwartet sie Respekt und ist „Furcht einflößend" (S. 18).

2 Die Übereinstimmung dieser Innensicht mit der Außenwahrnehmung durch die Tochter kann erkennbar werden lassen, wie die Identitätszuschreibung von der Mutter Besitz ergriffen hat. („Da hat meine Mutter oft laufen müssen.", S. 19; „Meine Mutter hat ihm zugestimmt, dass sie keinen Pep hat, dass […] der Vater mit ihr keinen Staat machen kann.", S. 89) Andererseits signalisieren die Träume und Wünsche der Mutter auch ein Fluchtverhalten, das durch das Missverhältnis von persönlicher Identität und sozialer Identität verursacht ist.

3 Die Zusammenstellung von Mutterbildern beispielsweise aus der Werbung kann die Diskussion um das, was von einer Mutter heute erwartet wird, vertiefen und dazu anregen, die Erfahrungen und Erwartungen der Schülerinnen und Schüler freizusetzen. Voraussichtlich wird es zu einer Korrektur der von B. Vanderbeke entworfenen Opposition von „Hausfrau" und „Sekretärin" bzw. „Hausfrau" und „Lehrerin" kommen.

Aktuelle Mutterbilder fokussieren eher die allein erziehende, die berufstätige, die geschiedene, die attraktive Mutter und Mütter als „Karrierefrauen".

„So verteilt, wie er gedacht": Die Rolle der Mutter

Frauen in Ost und West

Ralf Böhme, „Rabe"-Karikatur

© ullstein – dpa (85)

Frauen demonstrieren für Gleichberechtigung und die ersatzlose Streichung des Paragraphen 218. Frankfurt a. M., 6. 3. 1982

Die Befreiung der Frau

Die Befreiung der Frau aus doppelter Unterdrückung und Rechtlosigkeit (als Frau und als Ausgebeutete) erfordert solche gesellschaftlichen Bedingungen, die der Frau gleiche Möglichkeiten wie dem Manne geben ihre geistigen und
5 körperlichen Fähigkeiten voll zu entfalten und aktiv am gesellschaftlichen Reproduktionsprozess teilzunehmen. Diese Bedingungen sind erst durch die politische Herrschaft der Arbeiterklasse und das sozialistische Eigentum an den Produktionsmitteln garantiert. Zugleich hat für die Gleichbe-
10 rechtigung der Frau der ständige ideologische Kampf zur Überwindung rückständiger – in der Ausbeutergesellschaft entstandener – Traditionen und Auffassungen über die Rolle der Frau in der Gesellschaft und die Verwirklichung dieser Aufgabe als gesellschaftliches Anliegen große Bedeutung.

Kleines politisches Wörterbuch, Berlin (Ost), 1983

Die ideale Ehefrau

Die Idealvorstellungen der deutschen Väter hinken hinter den realen Gegebenheiten weit hinterher. [...] Bei der Befragung von 1000 Ehemännern verlangten 30 Prozent von ihrer Ehefrau in erster Linie gute Haushalts- und Kochkenntnisse [...], die übrigen betonen den sparsamen, haus- 5 hälterischen und praktischen Sinn der Frau, loben die Arbeitsfreudigkeit und den Fleiß. Nur ein Prozent wünscht eine Frau, die einen Beruf ausübt. Die Männer, deren Frauen berufstätig sind, erkennen allerdings die dreifache Belastung der Frau durch Beruf, Haushalt und Kindererziehung 10 an. Sie sind aber in den meisten Fällen nicht bereit die Mutter im Haushalt oder bei der Kindererziehung zu entlasten. Ihre Lösung des Problems lautet: Ein Mann müsste so viel verdienen, dass die Frau nicht zu arbeiten braucht.

Der Arbeitgeber 1964, Nr. 18, S. 452

1 Geben Sie dieser Kopiervorlage eine präzisierte thematische Überschrift.

2 Ordnen Sie das Material nach selbst entwickelten Kriterien.

3 Schreiben Sie auf der Grundlage des Materials eine Zusammenfassung zu dem in Aufgabe 1 formulierten Thema. Verarbeiten Sie dazu weitere Informationen, z. B. auch aus Ihrem Geschichtsbuch oder aus Gesprächen mit Ihrer Mutter.

4 Erörtern Sie vor dem Hintergrund Ihrer Ergebnisse:
Welche Bedeutung hatte der Übergang von der DDR nach Westdeutschland für die Mutter im *Muschelessen*?
Wie musste sie sich „umstellen"? Was hat sich für sie verändert?

„So verteilt, wie er gedacht": Die Rolle der Mutter

Frauen in Ost und West

Diese KV ergänzt und vertieft das Thema der gesellschaftlichen Rollenverteilung durch Informationen aus dem gesellschaftswissenschaftlichen Bereich. Der fachdidaktische Wert liegt in sprachlichen Übungen zur Begriffsbildung, Textsortendifferenzierung und inhaltlichen Zusammenfassung. Die Kontextuierung verstärkt die historisch-politische Lesart der Erzählung und betrifft hier den Wandel der Stellung von Mann und Frau nach 1949 – bzw. 1965 (S. 45) – bis in die 80er Jahre. Hier zeigen sich in der DDR und in der alten Bundesrepublik gleichermaßen Widersprüche zwischen dem Anspruch auf Gleichstellung der Frau als Staatsaufgabe und der Praxis ihrer Benachteiligung in einem traditionell von Männern dominierten System. In beiden Systemen erhielten Mädchen und junge Frauen, wie auch das Beispiel der „Mutter" bei B. Vanderbeke belegt, in Schule, Hochschule und Berufsausbildung zunehmend gleiche Chancen wie ihre männlichen Altersgenossen. In der Bundesrepublik verschärfte die feministische Bewegung in den 70ern den Kampf gegen die dennoch anhaltende Benachteiligung der Frauen beim Erreichen von Führungspositionen und bei der Bezahlung sowie gegen die sprachliche Diskriminierung. Eine feministisch inspirierte Frauenbewegung gab es in der DDR so gut wie gar nicht. Männer und Frauen unterlagen gleichermaßen der Matrix der „sozialistischen Persönlichkeit". Besonders stolz war die DDR-Führung auf ihre Frauenpolitik.

Dabei verschwieg sie gern, dass es ihr vornehmlich um die höchstmögliche Ausnutzung der weiblichen Arbeitskraft ging. So wurde die DDR das Land mit der weltweit höchsten Frauenerwerbsquote. Allen gegenläufigen Bekundungen zum Trotz blieb aber die alte geschlechtsspezifische Rollenverteilung weiterhin unangetastet.

Inhalt, Eigenart und Funktion der Materialien divergieren. Die Konvergenz liegt in der Aufdeckung der Widersprüche zwischen dem staatlichen Anspruch und der gesellschaftlichen Praxis. In der DDR überlagert die Klassenideologie die Geschlechterunterschiede ohne die traditionellen Erwartungen an die Frau aufzuheben, in der Bundesrepublik ist es der rechtsstaatliche Grundsatz der Gleichberechtigung nach Artikel 3 des Grundgesetzes, der weitgehend uneingelöst bleibt. Nur in der Bundesrepublik konnten Frauen für die Realisierung dieses Versprechens auch protestierend auf die Straße gehen.

1 Die Gleichberechtigung der Frau: Anspruch und Wirklichkeit, Kontinuität oder Bruch oder ähnlich (s. o.)

2

Eigenart des Materials
Karikatur, Pressefotografie, Definition in normativer Absicht (Lexikonartikel), Meinungsumfrage

Inhalt
Karikatur: satirische Entlarvung männlicher Ignoranz, Offenlegung gesellschaftlicher Leistung von Frauen in der Kindererziehung, im Beruf. Hoher gesellschaftlicher Erwartungsdruck.

Lexikon: Ideologisch geschönte Überhöhung der Rolle der Frau im Klassenkampf. Zurücktreten der geschlechtlichen Unterschiede angesichts der Gemeinsamkeiten der revolutionären Aufgabe.

Meinungsumfrage: Konservative Bindung der Männer. Verweigerung eines Rollentauschs. Ihr Ideal der „reinen" Hausfrau widerspricht den realen gesellschaftlichen Entwicklungen unter den Bedingungen des Krieges und der Nachkriegszeit.

Fotografie: Feministische Opposition in Westdeutschland gegen die feste Rollenzuschreibung.

Funktion
Alle Materialien verweisen auf die Kontinuität traditioneller – von Männern idealisierter oder ideologisierter – Rollenerwartungen an die Frau, so wie sie sich in B. Vanderbekes Erzählung widerspiegeln.

3 Methodische Schritte:
– Mindmap
– Gliederung
– Ausführung

4 Folgende Aufgaben kamen auf die Mutter zu:
– die Vorbereitung der Flucht,
– die Wiederholung des Lehrerinnen- Examens (S. 31),
– das Leben im Flüchtlingslager,
– die dritte Schwangerschaft und
– die Doppelbelastung als Lehrerin und Hausfrau.

Diese neuen Belastungen stellen eine Fortsetzung ihrer Lebensbedingungen in der DDR dar. Die Belastungen steigen allerdings durch den gesellschaftlichen Anpassungs- und Konkurrenzdruck in Bezug auf Mode, Umgangsformen etc. Die „Umstellerei" ist nicht erst durch das Leben im Westen verursacht, es ist und war eine „ewige" Umstellerei (S. 18 ff.).

„So verteilt, wie er gedacht": Die Rolle der Mutter

Lebenslauf und Krise

| Leonid Raden/Hermann Scherchen | Theodor Fontane | Euripides |

Brüder zur Sonne (1946)

Brüder, zur Sonne, zur Freiheit,
Brüder, zum Lichte empor.
Hell aus dem dunklen Vergangnen
Leuchtet die Zukunft hervor.

5 Seht, wie der Zug von Millionen
Endlos aus Nächtigem quillt,
bis eurer Sehnsucht Verlangen
Himmel und Nacht überschwillt.

Brüder, in eins nun die Hände,
10 Brüder, das Sterben verlacht:
Ewig der Sklavrei ein Ende,
heilig die letzte Schlacht.

Brechet das Joch der Tyrannen,
die uns so grausam gequält.
15 Schwenket die blutrote Fahne
Über die Arbeiterwelt.

Brüder, ergreift die Gewehre,
auf, zur entscheidenden Schlacht!
Dem Kommunismus die Ehre,
20 ihm sei in Zukunft die Macht.

K. H. Fingerhut/N. Hopster: Politische Lyrik.
Frankfurt a. M.: Diesterweg 1972, S. 131

Effi Briest (1895)

Baron von Innstetten hält bereits nach einer ersten flüchtigen Begegnung mit der Tochter seiner Jugendfreundin Frau von Briest im Herrenhaus der Fa-
5 milie um deren Hand an. Die Eltern raten der 17-jährigen Effi zur Ehe mit dem 21 Jahre älteren erfolgreichen Landrat. Schon nach kurzer Zeit fühlt sie sich in dieser Ehe vereinsamt. Sie
10 macht die Bekanntschaft des leicht-sinnigen „Damenmannes" Crampas. Ihre – verdeckte – Beziehung zu ihm endet erst mit einem Umzug der Inn-stettens nach Berlin. Nach Jahren ent-
15 deckt Innstetten durch Zufall ein paar Liebesbriefe Effis an Crampas. Er for-dert ihn zum Duell und erschießt ihn. Effi wird von ihrem Ehemann und ih-ren Eltern verstoßen. Erst nach Jahren
20 darf sie in ihr Elternhaus zurückkeh-ren. Sie stirbt dort in dem Bewusst-sein, Instetten habe „in allem recht ge-handelt", so „edel, wie jemand sein kann, der ohne rechte Liebe ist".

Inhaltsangabe

Medea (ca. 430 v. Chr.)

Die Tragödie basiert auf dem mytho-logischen Motiv von der Königstoch-ter, die einem schönen Fremden hilft Abenteuer und Gefahren zu bestehen, mit ihm zieht, später verstoßen wird 5 und sich grausam rächt. In der grie-chischen Mythologie ist es Medea, die Jason hilft das Goldene Vließ zu errin-gen und ihm in seine Heimat folgt. Nach Jahren begehrt Jason die korin- 10 thische Königstochter Glauke zur Frau. Medea tötet Glauke, deren Vater Kreon und die aus der Ehe mit Jason hervorgegangenen Kinder. Euripides bearbeitet den über Jahr- 15 hunderte mündlich überlieferten My-thos für eine Vorstellung im Theater. Seit Eur. gilt der Mord Medeas an ih-ren Kindern als erwiesen und wird auch in späteren Bearbeitungen des 20 Themas immer wieder unterstelllt. Erstmals abweichend davon: Christa Wolfs Text *Medea*, 1996.

Inhaltsangabe nach:
Kindlers Literatur Lexikon, Bd.VII. Zürich:
Kindler und Kindler AG 1964, S. 6134

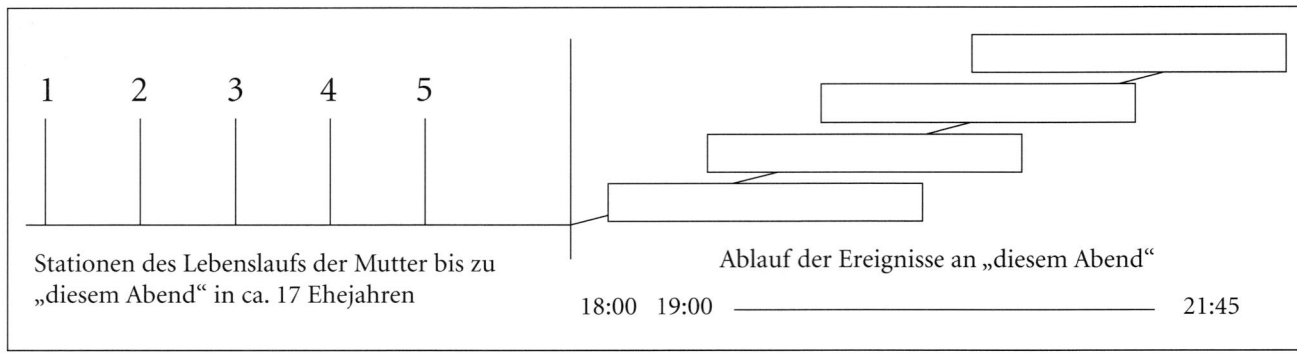

Stationen des Lebenslaufs der Mutter bis zu „diesem Abend" in ca. 17 Ehejahren

Ablauf der Ereignisse an „diesem Abend"

18:00   19:00 ——————————————— 21:45

1 Wie ist das Leben der Mutter „bis zu diesem Abend" (S. 5) verlaufen? Benennen Sie die „Stationen".

2 Wie spitzt sich der Lebenslauf an diesem Abend zu? Tragen Sie Zitate und Seitenzahlen in die „Leerstellen" des Zeitstrahls ein.

3 Im Verlauf des Abends bezieht die Mutter sich auf die literarischen Texte oben.
 – Wann tut sie das? Tragen Sie auch dies in den Zeitstrahl ein.
 – Warum und wie bezieht sie sich auf diese Texte?
Welche innere Entwicklung der Mutter wird daran erkennbar?

„So verteilt, wie er gedacht": Die Rolle der Mutter

Lebenslauf und Krise

Die vorliegende Skizze gibt Gelegenheit die krisenhafte Zuspitzung der Ereignisse in einem Strukturschema zu rekonstruieren. Diese Strukturvorgabe bestimmt zunächst den Lebenslauf der Mutter als eine Reihe von Statuspassagen. Mit dem Beginn des Abends verlagert sich die Ereignisfolge auf die Ebene der emotionalen, wenn nicht – mit der Einführung der Kategorie der „Schlechtigkeit" – sogar moralischen Entwicklung. Die äußeren Ereignisse beschränken sich auf wenige Begebenheiten und minimale Gesten: das Öffnen und Trinken der Spätlese, das Vergammeln der Muscheln, das Klingeln und Nicht-Abheben des Telefons. Damit wird der Begriff „Handlung" fragwürdig. Trotzdem entsteht ein Spannungsbogen über die Steigerung des Aufbegehrens der Mutter (S. 55: „zum ersten Mal aufbegehrt") bis zu dem Moment, in dem die „Zeit" in einem „Telefonklingeln zusammenschrumpft" (S. 106) und in diesem Moment „aufgehört hatte vor uns zu liegen". Hiermit erscheint die Handlung abgeschlossen.

Die Zuspitzung zeigt sich nicht in „Aktionen", sondern in der zunehmenden Bereitschaft der Mutter ihre eigene Sprache einzusetzen, indem sie ihre „Gedanken" „laut sagt" (S. 104 f.). Damit läge der Höhepunkt (vgl. Urs Bugmann: B. Vanderbeke: „Ich hatte ein bisschen Kraft über", a. a. O., S. 118 f.) in „ der Identität des Nicht-Identischen, im […] Glückszustand des bei sich angekommenen Bewusstseins, das seiner selbst gewiss ist" – „ziemlich gerade ist sie auf einmal gegangen" (S. 109). Mit diesem Ende ist ein – vorläufiger – Höhepunkt erreicht. Gleichzeitig ist der Prozess des Vergammelns der Muscheln abgeschlossen: Die Mutter wirft sie in den Müll.

Die Diskussion um die Beziehungen der Texte zum Verlauf der „inneren" Handlung kann dabei Widersprüchliches ergeben: Liegt in dem „optimistischen" Beginn mit *Brüder …* ein positiver Auftakt, an dessen Ende eine Verrohung und „Verwilderung" der Mutter zur „Medea" steht? Oder: Liegt in der harmonisierenden Sicht des sozialistischen Kampfliedes und dem Bezug auf *Effi Briest* ein falsches Bewusstsein, von dem sich die Mutter erst mit der Rückbesinnung auf die Tradition des *Medea*-Stoffes emanzipieren kann?

Die Fähigkeit der Mutter, sich dabei auf andere Texte zu beziehen und sie in ihre Lebenserfahrungen und aktuelle Befindlichkeit einzuschreiben, spielt für den Prozess der Selbstfindung eine entscheidende Rolle. Die Literatur vermittelt unterschiedliche Muster für die Selbstdefinition und eröffnet Verhaltensalternativen.

Interessant ist in diesem Zusammenhang, dass die „Handlung" erst unter Alkoholeinfluss eskaliert.

Es kann auch reizvoll sein, unter den „Handlungsbogen" der Mutter den der Tochter zu zeichnen: Die Tochter zeigt nämlich schon sehr früh Widerstand und geht dabei ihrer Mutter voran.

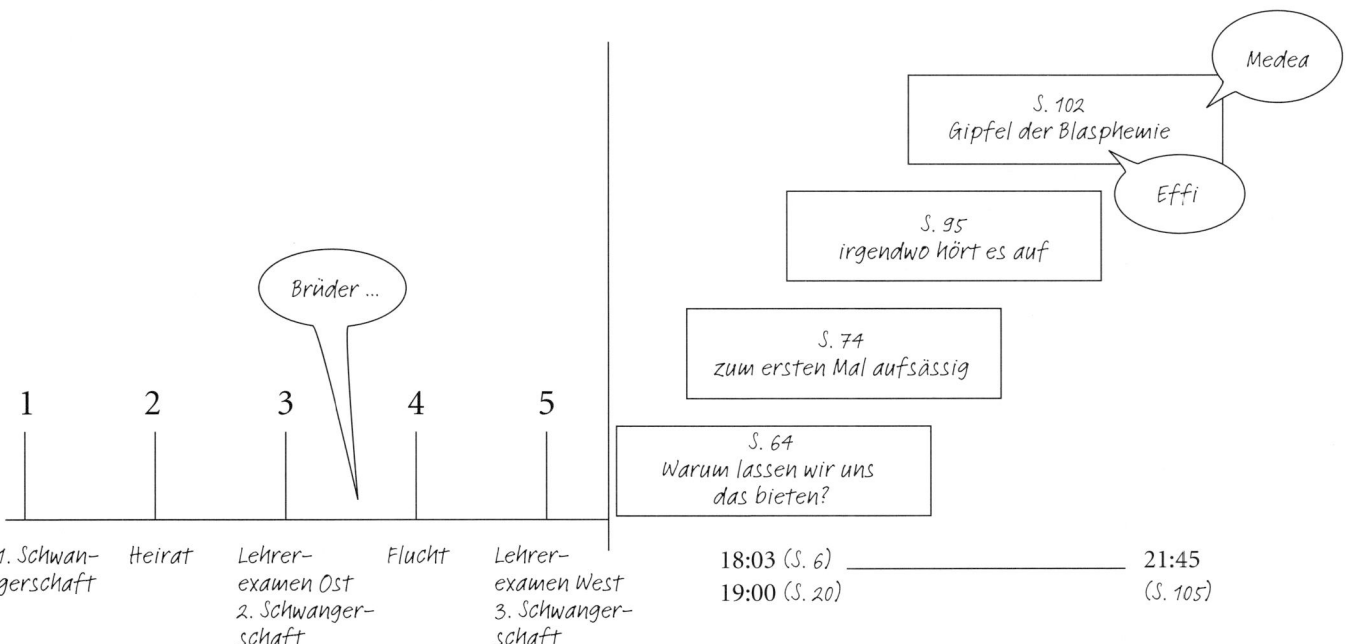

3 *Brüder zur Sonne …* (S. 7) und *Völker hört die Signale (Internationale)*: Das Singen liegt vor dem Beginn des Abends „ganz früher", „drüben". Hier herrscht ein – ideologischer – Zustand der Harmonisierung, der aufgehobenen Unterschiede, der Hoffnung auf ein besseres Ende der Geschichte, auch der Familien- bzw. Geschlechtergeschichte.

Effi Briest (S. 103 f.): Letzter Versuch das eigene Selbstbild und damit ein sinnentleertes Männerbild zu retten, indem sie sich mit Effi identifiziert und den Ehemann entlastet. *Medea* (S. 104): Schritt zur Verweigerung und Aggression. Schritt zur „Wahrheit" („weil sie zugegeben hat", S. 106) als Akt der Selbstbefreiung.

„So verteilt, wie er gedacht": Die Rolle der Mutter

Modell Medea

Frederik Sandys: Medea (Öl auf Holz, 62,2 x 46,3 cm) 1866/68

Die Mutter im *Muschelessen* definiert sich als „Medea"-Frau

Birgit Vanderbeke

[…] sie hat noch ein wenig gegrübelt und dann gesagt, aber andererseits, und etwas gezögert […] und es ist dann herausgekommen, dass meine Mutter schon immer ganz im Geheimen Medea verehrt und bewundert hat, wir haben zunächst einen riesigen Schrecken bekommen, nachdem sie 5 Medea gesagt hatte, weil wir ja die Kinder waren, uns hätte es schließlich erwischt, aber meine Mutter hat gesagt, das sind eben Fantasien, alle vergiften, und dann ist Ruhe. […] kaum hatte sie das gesagt mit Medea, alle vergiften, und dann ist Ruhe, ist sie sich abgrundtief schlecht vorgekommen, sie hat 10 ausgerufen, dass der liebe Gott ihr verzeihen soll, weil sie so abgrundtief schlecht ist, dabei hat meine Mutter an einen lieben Gott nie geglaubt, überhaupt an keinen Gott, sondern nur an die Harmonie und das Gute im Menschen, und es hat sie bestürzt, dass jetzt, statt wie üblich das Gute, nur Schlech- 15 tes aus ihr herausgekommen ist, sie hat sich aber nicht wie sonst zusammengerissen, sondern gesagt, dass der liebe Gott sie mit Sicherheit fürchterlich strafen werde, weil sie so schlecht ist. […]

Das Muschelessen, S. 104 f.

akg-images

Gibt es Hilfe für eine „Medea"-Frau?

Olga Rinne

1 Zu den traditionellen Wertvorstellungen, die unser Bild von Weiblichkeit und Männlichkeit über Jahrhunderte prägten, gehört, dass die dauerhafte Liebesbindung zu einem Partner für eine Frau im Zentrum ihres Daseins 5 steht, dass die Liebesbindung beim Mann hingegen seinen äußeren (Berufs- und Karrierezielen) nachgeordnet sei, das gilt auch für eine „Medea"-Frau. Das drohende Verhängnis des Verlassenwerdens zu bannen richtet sie ihre Aufmerksamkeit viel zu ausschließlich auf den Mann, verwendet 10 ihre gesamte Kreativität darauf, die Beziehung zu beschützen, bietet sich dem Mann, als „Retterin" an. Aber vielleicht will er gar nicht gerettet werden, vielleicht fühlt er sich durch ihre Kompetenz erdrückt, durch ihre Klugheit entmündigt. Vielleicht ist sein Helden-Ich nicht so stabil, wie 15 es den Anschein hat.

2 Spannungen, Konflikte und Krisen im Zusammenleben von Frauen und Männern [sind] heute nicht die Ausnahme, sondern die Regel. Aber viele Frauen in dieser Situation 20 sind nicht vernünftig. Sie kochen vor Wut auf den Mann, der so viel Macht über sie und ihr Leben hat, eine Macht, die sie selbst ihm gegeben haben. Vielleicht ist es nicht nur ihr eigener Hass, sondern auch der unterdrückte Hass, den Frauen von Generation zu Generation weitervererbten. 25 Für eine Frau, die in einer Beziehung zu viel von sich aufgegeben hat, kann es notwenig sein, Hass und Rache zu empfinden und auch zu zeigen, um die Macht, die sie in ihn projiziert hat, wieder an sich zurückzunehmen. Nur dann kann sie auch ihren eigenen Anteil an der Katastrophe erkennen. 30

gekürzt aus: Medea. Das Recht auf Zorn und Eifersucht. Zürich: Kreuz Verlag 1988, S. 108, S. 132

1 Formulieren Sie – ausgehend von dem oben zitierten Text aus der *Muschelessen* – die einleitenden Worte eines Telefonanrufs der Mutter bei ihrer Freundin.

2 Wie kann man ein er Freundin in dieser Situation helfen? Übernehmen Sie die Rolle dieser Freundin, beginnen Sie mit: „Du, hör mal …". Beziehen Sie sich dabei auch auf „die Hilfe", die O. Rinne anbietet.

„So verteilt, wie er gedacht": Die Rolle der Mutter

Modell Medea

Mit der Chiffre „Medea" verbindet die Mutter in B. Vanderbekes *Muschelessen* für sich die Zuschreibung eines destruktiven und moralisch verwerflichen Selbstbildes. Damit übernimmt sie eine Jahrhunderte alte männliche Deutung ihres abweichenden Verhaltens, das die aggressionsbereite Frau zur „Barbarin" herabmindert und sie als „Kindsmörderin" diskriminiert. Die kulturhistorische Forschung hat diese negative Sichtweise auf die zunächst aufopferungsvolle und dann enttäuschte Frau einem männlichen Deutungsdiktat zugeschrieben: Christa Wolf sagt dazu: „Euripides hat es also geschafft, Medea als Kindsmörderin in unser Gehirn einzupflanzen." (Tagesspiegel v. 29. 4. 1996)

„Erst im voll etablierten Patriarchat ist Medea die ,Barbarin'. […] Die Eigenschaften, die Medeas Stärke ausmachten, Stolz, Widerstandsgeist und entschlossene Tatkraft, […] wirken allenfalls noch im Unbewussten. […] Da sie aber das negative Frauenbild der androzentrischen Kultur verinnerlicht hat, äußert sich ihre Wut über diese Verletzungen in Depressionen und Selbsthass." (Olga Rinne, a. a. O., S. 13)

Diese Zusammenhänge einer langen europäischen Motiv- und Mentalitätstradition sind den Schülerinnen und Schülern nur schwer zu vermitteln, sie liegen andererseits dem Verhalten der Mutter ganz offensichtlich zugrunde.

Hier eröffnen sich Möglichkeiten für kontrastive Literaturbetrachtung im Rahmen eines Medea-Projekts. Die KV beschränkt sich auf die Möglichkeiten des laufenden Unterrichts und nutzt dazu einen kreativen Umgang mit den Deutungsmöglichkeiten der Medea-Figur: Mit dem literarischen Rollenspiel wird die neutrale Distanz gegenüber dem Text aufgehoben und es eröffnet sich ein Spielraum für eine Nähe aus subjektiver Betroffenheit. In der „Beratung" werden andere als die männlich autorisierten Deutungen weiblicher Aggressionsbereitschaft bereitgestellt und damit die Jahrtausende alte Traditionsbindung weiblicher Selbstbezichtigung implizit durchbrochen.

Für eine Freundin gilt: Sie darf parteilich sein und braucht sich nicht um ausgeglichene Objektivität zu bemühen. Sie darf auch aktuelle Bezüge und Vergleiche einbeziehen um ihrer Freundin Rat und Hilfe zukommen zu lassen. Erfahrungsgemäß lassen sich besonders Schülerinnen und Schüler auf solche „Beratungsgespräche" gern ein.

1 Zusätzliche **Hilfestellung:** Skizzieren Sie, welche Ereignisse dem Telefongespräch vorangegangen sind. In welcher „Verfassung" ist die Mutter? Was erwartet sie von ihrer Freundin?

Hier sollen **zwei Schülerbeiträge** zusammengefasst werden: (Protokoll einer Deutschstunde): In Julianas Telefongespräch gibt die Mutter zu, etwas über den Durst getrunken zu haben, und rechtfertigt dies durch das Zuspätkommen ihres Mannes, den sie als „Mistkerl" betitelt. Erst jetzt fällt der Mutter auf, wie viel ihr Mann ihr zu verdanken hat und dass er ohne sie wahrscheinlich noch nicht einmal die Beförderung bekommen hätte. Sie beklagt sich, dass sie immer nur für ihn gelebt und sich selbst vernachlässigt habe. Wütend fragt sie sich, was wäre, wenn nicht immer alles nach seinen Vorstellungen verlaufen würde, wenn die Kinder nicht mehr wären und sie so wie Medea handeln würde, dann hätte alles ein Ende. Sie weiß einfach nicht, wie sie sich gegen ihren Mann durchsetzen soll, und dafür hegt sie Hassgefühle gegen sich selbst.

In Saras Telefongespräch spricht die Mutter mit der Telefonseelsorge ebenfalls über ihre Probleme, beginnend damit, dass ihr Mann bereits seit vier Stunden hätte zu Hause sein sollen, aber nicht erschienen ist, und die Mutter nun voller Sorge um ihn ist. Sie berichtet der Telefonseelsorge, dass ihr Mann immer nur das Beste für die Familie wollte. Nun schreibt sich die Mutter die Schuld für sein Verschwinden zu, da sie befürchtet ihm nicht gut genug gewesen zu sein, so wie seine Sekretärin. Sie habe zwei Kinder zur Welt gebracht und solle noch immer die „Sexbombe" für ihn spielen. Die Mutter sieht ein überfordert gewesen zu sein, wenn sie immer versuchte es ihm recht zu machen. Nun weiß sie nicht, was sie machen soll. Sie hat Angst vor der Zukunft ohne Mann als allein erziehende Frau.

2 Folgende persönliche Ratschläge liegen in der Konsequenz des richtigen Textverständnisses und einer auf Empathie angelegten Kommunikationssituation:

– Mach dir keine Vorwürfe. Du musst loslassen können. Du bist nicht die „Retterin" deines Mannes. Er muss sehen, wie er ohne dich fertig wird. Vielleicht braucht er das. Du hast ihn immer zu sehr geschont …

– Ich verstehe dich. Du bist wütend und aggressiv, das erklärt deinen unkontrollierten Ausbruch. Zu viel hast du schon mitgemacht. Immer hast du gemacht, was deine Mutter, was deine Großmutter schon getan haben: Den „Herrn" bedient. Damit muss Schluss sein …

– Sei ehrlich. Gib zu, du bist maßlos enttäuscht. Er hat dich ausgenutzt. Das muss ein Ende haben. Verabschiede dich von der Vorstellung, alles könnte wieder „gut" werden. Du musst einen Schlussstrich ziehen …

„So verteilt, wie er gedacht": Die Rolle der Mutter

„Verwilderung" oder Selbstbefreiung?

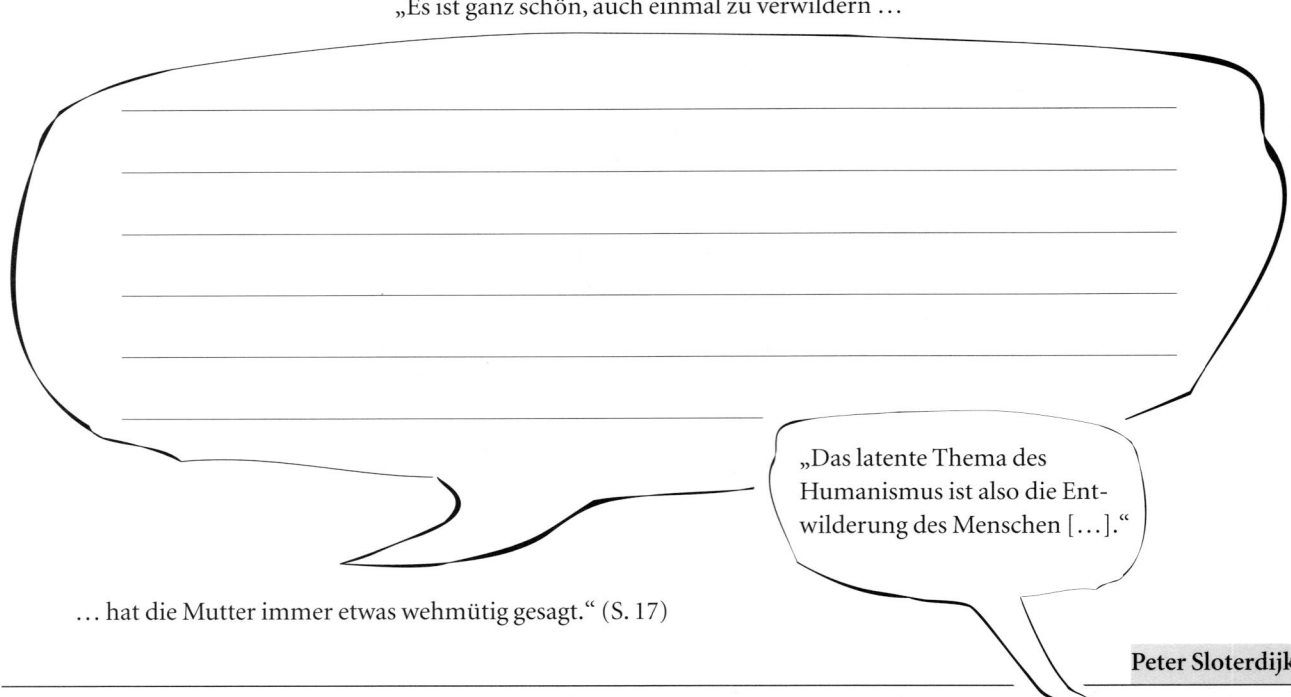

„Es ist ganz schön, auch einmal zu verwildern …

… hat die Mutter immer etwas wehmütig gesagt." (S. 17)

„Das latente Thema des Humanismus ist also die Entwilderung des Menschen […]."

Peter Sloterdijk

[…] Wer heute nach der Zukunft der Humanität und Humanisierungsmedien fragt, will im Grunde wissen, ob Hoffnung besteht der aktuellen Verwilderungstendenzen beim Menschen Herr zu werden. Dabei fällt beunruhigend ins
5 Gewicht, dass Verwilderungen, heute wie immer, gerade bei hoher Machtentfaltung aufzubrechen pflegen, sei es als unmittelbare kriegerische und imperiale Rohheit, sei es als alltägliche Bestialisierung des Menschen in den Medien enthemmender Unterhaltung. Für beides haben die Römer die
10 Europa prägenden Modelle geliefert – zum einen mit ihrem alles durchdringenden Militarismus, zum anderen durch ihre zukunftsweisende Unterhaltungsindustrie der blutigen Spiele. **Das latente Thema des Humanismus ist also die Entwilderung des Menschen** und seine latente These lautet:

Richtige Lektüre macht zahm. […] Auch in der Gegen- 15 wartskultur vollzieht sich der Titanenkampf zwischen den zähmenden und den bestialisierenden Impulsen. […]
Zweieinhalb Jahrtausende nach Platos Wirken scheint es nun, als hätten sich nicht nur die Götter, sondern auch die Weisen zurückgezogen. […] Auch dies, dass die maßgeb- 20 lichen Bücher von einst mehr und mehr aufgehört haben Briefe an Freunde zu sein und dass sie nicht mehr auf den Tag- und Nachttischen ihrer Leser liegen, sondern in der Zeitlosigkeit der Archive versunken sind – auch dies hat der humanistischen Bewegung das meiste von ihrem Schwung 25 genommen. […]

Regeln für den Menschenpark.
© Suhrkamp Verlag Frankfurt a. M. 1999, S. 4, S. 12 f., S. 15 f.

1 Tragen Sie Zitate aus dem *Muschelessen*, die die „Angstlust" der Familie an der Verwilderung belegen können, in die „Sprechblase" ein. Konkretisieren Sie so, was die Familie als „Verwilderung" bezeichnet und wie sie sich dabei fühlt.

2 Unterlegen sie die von P. Sloterdijk angesprochenen „Verwilderungstendenzen" mit Bildern oder Überschriften aus den Medien.

3 Diskutieren und bewerten Sie unter Bezug auf P. Sloterdijk die „Verwilderung" der Sitten in der Familie. Beziehen Sie auch die Wertschätzung der Familienmitglieder für die gedruckte Literatur mit ein.

4 Rechercheaufgabe: Informieren Sie sich darüber, wie J. W. Goethe in seinem Drama *Iphigenie auf Tauris* die Emanzipation der Frau mit dem Vorgang der gesellschaftlichen „Entwilderung" verbunden hat.

„So verteilt, wie er gedacht": Die Rolle der Mutter

„Verwilderung" oder Selbstbefreiung?

Mit dem Begriff „Verwilderung" trifft B. Vanderbeke ein Thema des aktuellen zivilisationskritischen Diskurses. Dieser Diskurs lässt sich von der Erzählung in die Erfahrungswelt der Schülerinnen und Schüler übertragen. Fachdidaktisch gibt er Gelegenheit über die Ausdifferenzierung von Begriffsprofilen, Argumenten und Beispielen grundlegende Voraussetzungen und Fertigkeiten der Erörterung zu üben. Die Eröffnung des Diskurses setzt eine textgenaue Rekonstruktion der Bedeutung des Wortes „verwildern" aus dem Zusammenhang der Erzählung voraus. Diese lässt „verwildern" als einen Prozess der Befreiung von den Vorgaben des Vaters erscheinen. Die semantische Eingrenzung des Begriffs kann ergänzend auch bei der Bedeutungsgeschichte ansetzen: „wild" im Sinne von „unzivilisiert", der „gute Wilde" als Ideal eines vorgesellschaftlichen Naturzustandes. Demgegenüber konnotiert P. Sloterdijk „wild" mit „kriegerischer und imperialer Rohheit" und „Bestialisierung" besonders durch die Medien.

Beide – P. Sloterdijk und die Ich-Erzählerin im *Muschelessen* – erheben dabei den Anspruch einer Fremdbestimmung zu entkommen, einmal durch „Verwilderung", einmal durch „Entwilderung". Zuletzt äußert sich dazu Asfa-Wossen Asserate in seinem Buch *Manieren* im Vorabdruck der FAZ v. 25.11.2003: „Eine Instanz, die in Deutschland den berechtigten Anspruch erheben dürfte eine Aussage über Manieren zu machen, gibt es nicht mehr. […] Erzogen werden, Manieren annehmen, das waren (in der Vergangenheit) Menschwerdungsakte. An erster Stelle vermittelte die Familie die Manieren." Hier zeigt sich wie bei P. Sloterdijk eine kritische Einstellung gegenüber einer Verwilderung der Sitten in der Familie. Die Familie im *Muschelessen* allerdings ist „gern" verwildert. Viele Schülerinnen und Schüler werden das für sich bestätigen, beispielsweise unter Verweis auf die veränderte Esskultur „im Stehen", auf „Fastfood" oder „Fingerfood" ohne „weiße Tischdecke" (S. 32). So kann die Rückkopplung der Debatte an die eigenen Erfahrungen, beispielsweise auch die Medienerfahrungen mit „Verwilderungen", die Diskussion aktualisieren.

Es muss offen bleiben, ob im „Verwildern" ein für die Gestaltung freiheitlicher und demokratischer Gesellschaften bzw. (Generations-)Beziehungen tragfähiges Modell liegt.

1 „Es ist ganz schön, auch einmal zu verwildern", „das Verwildern hat mir auch besser gefallen" (S. 17). Gemeint ist hier das Essen im Stehen, in der Küche, ohne Messer und Gabel. „Wir sind gern verwildert, statt eine richtige Familie zu sein." (S. 24); „Da hat meine Mutter plötzlich Angst bekommen, dass wir zu aufsässig waren, […]." (S. 26); „Wie du dich gehen lässt […] mit deinen Haaren." (S. 32); „Angst bei Heimlichkeiten entdeckt zu werden" (S. 53); „Weil sie am Tisch nicht manierlich gegessen haben […]" (S. 90); „Softeis ist keine Kultur." (S. 91)

Hier ließe sich ein Begriffsfeld aus Synonymen und Gegensatzbegriffen anfertigen. Dabei wird deutlich, wie der Vater die Definitionshoheit beansprucht: **„Verwildern" heißt:** Softeis, keine weiße Tischdecke, ungekämmt sein, etc. **„Nicht-Verwildern" heißt:** Kultur haben, normal sein, Manieren haben, kein Softeis essen etc.

2 Verwilderungstendenzen sind für P. Sloterdijk: „imperiale Rohheit", „blutiger Militarismus", „alltägliche Bestialisierung in den Medien", „enthemmende Unterhaltung". Dafür lassen sich viele Beispiele finden: Reality-Shows, Filmtitel, Medienberichterstattung etc.

3 Auch wenn es den Anschein hat, dass Mutter und Kinder „verwildern", so wird doch deutlich, dass es in Wirklichkeit der Vater ist, der verwildert, da er das Verständnis von „Kultur" einengt: Er reduziert „Kultur" auf „Materielles" (Tischtuch, Schallplatten, „Softeis ist keine Kultur.") und verengt die kulturelle Praxis auf Rituale (Konzertbesuche, Essensrituale). Sein Verhältnis zur Musik beispielsweise zeigt ein eher „entkulturiertes" Kulturverständnis (normativ, gesellschaftlich funktionalisiert, ohne individuelle Aneignung). Der Vater hatte zudem selbst „wild werden können" und sich „sofort betrunken" (S. 70), als er sein hässliches Kind zum ersten Mal gesehen hat. Hier zeigt sich ein Verlust geistiger und humaner Werte. Demgegenüber erscheint die Mutter – trotz vordergründiger „Verwilderung" – „kultivierter", weil sie Musik und Literatur verstehen und auf ihr Leben anwenden kann.

Die Diskussion könnte folgende Alternative zuspitzen: „Richtige Lektüre macht zahm" (bei P. Sloterdijk) – „Richtige Lektüre fördert rebellisches abweichendes Verhalten (bei B. Vanderbeke)". Hier eröffnen sich Möglichkeiten „falsche" und „richtige" Lektüre zu unterscheiden. Bezieht man dabei allerdings die feministische Position, so meint P. Sloterdijk nur männlich autorisierte Literaturtraditionen „maßgeblicher Bücher" seit Plato. „Weibliche" Literatur wie *Medea* will diese Traditionen zerstören und hinterfragen.

Zum Problem der Verschränkung von Befreiung und Verwilderung kann ein Vergleich mit J. W. Goethes *Iphigenie auf Tauris* oder vor allem mit Heinrich von Kleists *Das Erdbeben in Chili* vertiefend wirken (evtl. als Referat).

Tafelbild

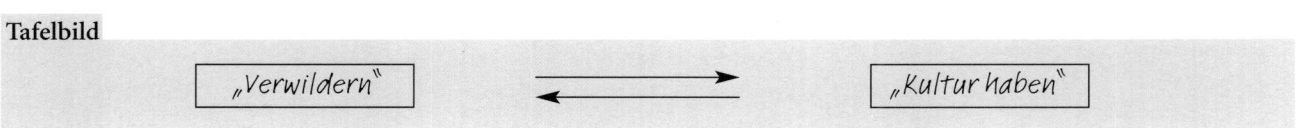

Gesellschaftliche Diskurse in der Familie

„Kampf-Zonen": Die Raumstruktur der Erzählung

Sigrid Metz-Göckel

Frauenkultur/Frauenräume

Mit der Wiederentdeckung von Virgina Woolfs Essay *A Room of One's Own* (1929) in den 70er Jahren ging eine Auseinandersetzung um eigene Räume […] einher;
5 Frauen versuchten seitdem sich ausschließlich ihnen vorbehaltene Räume zu sichern, schufen Frauenräume in Form von Frauenzentren, Frauenbuchhandlungen und Frauenverlagen. Mit Frauenräumen
10 sind Orte gemeint, in denen sich Frauen treffen; dazu gehören auch Frauenwohnprojekte, Frauencafés, Film- und Musikfestivals. […] Im übertragenen Sinn sind mit Frauenräumen aber auch die Möglich-
15 keiten gemeint, die Raum geben um sich aus Fremdbestimmungen zu lösen. […] Damit ist vielfach eine Distanzierung von Frauen von der Dominanzkultur verknüpft. […]

Metzler Lexikon Gender Studies, a. a. O., S. 121 f.

1 In welchen Räumen findet das innerfamiliäre Geschehen im *Muschelessen* statt? Entwerfen Sie einen Wohnungsgrundriss.

2 Tragen Sie ein, welche Ausstattung diese Räume haben.

3 Suchen Sie in der Erzählung Hinweise darauf, welche Rolle die Personen in den einzelnen Räumen „spielen".

4 Welche außerhalb der Wohnung liegenden „Räume" werden noch genannt? Welche Bedeutung gewinnen sie für den Einzelnen und seine Rolle in der Familie?

5 „Meine Mutter ist bis an die Wohnzimmertür gegangen mit diesem schwankenden kippligen Gang, sie ist aber nicht hineingegangen, in der Tür ist sie stehen geblieben und hat sich am Türrahmen festgehalten […], aber ist nicht weitergegangen ins Zimmer hinein. […] wir haben nur ihren Rücken gesehen im Türrahmen, an dem sie sich eine Weile festgehalten hat." (S. 109) Was hat die Mutter wohl in diesem Augenblick gedacht?

6 Lesen Sie den nebenstehenden Text und bilden Sie sich eine Meinung zu dem Vorschlag: Gesonderte „Frauenräume" ermöglichen die Lösung aus männlicher „Fremdbestimmung".
– Führen Sie ein fingiertes Interview mit der Mutter aus dem *Muschelessen* zu diesem Thema.
– oder ein Interview aus journalistischem Interesse mit Besucherinnen eines Frauenbuchladens.

Gesellschaftliche Diskurse in der Familie

„Kampf-Zonen": Die Raumstruktur der Erzählung

Mit der Erarbeitung der räumlichen Verhältnisse, unter denen die Familie lebt, verbindet diese KV unterschiedliche Ziele. Zunächst soll die Textkenntnis weiter gesichert werden. Die Gestaltung der „Raumverhältnisse" als Fiktionalitätsmerkmal eröffnet zudem Perspektiven für die Interpretation. Dies betrifft beispielsweise die Deutung des Verhaltens der Personen in Abhängigkeit von der ihnen durch den Raum zugewiesenen Rolle. In der – praktischen – Sensibilisierung für die „Verortung" des Geschehens wird darüber hinaus die Wahrnehmung der Schülerinnen und Schüler für die räumlichen Rahmenbedingungen ihrer eigenen Biografie geschärft. Beispielgebend sei hier auf die Analyse der klaustrophobischen Raumverhältnisse in F. Kafkas *Verwandlung* verwiesen, die im Rahmen eines Projektes zum Vergleich herangezogen werden könnten.

V. Woolf liefert mit ihrem 1929 erschienen Essay *Ein Zimmer für sich allein* einen weiteren Gesichtspunkt, unter dem die Raumgestaltung der Erzählung interessant werden kann: V. Woolf stellt an den Anfang ihres Essays die Forderung, dass Frauen materiell unabhängig sein und ein eigenes Zimmer haben müssen. Erst diese Herauslösung aus der Abhängigkeit von Verhaltensvorgaben einer bestimmten Raumsituation (Rollenübernahme, Interaktionsformen) könne das Individuum wirklich in Freiheit setzen. Die Mutter hat bei B. Vanderbeke kein eigenes Zimmer, daher muss sie jeweils die Rolle spielen, die ihr vom Zimmer her zugeschrieben wird: kochen in der Küche, sich schminken im Bad, „draußen bleiben" vor dem Wohnzimmer, aber auch „Angst einflößen" in der Schule. Eine Möglichkeit zur Selbstdefinition bleibt ihr im Rahmen dieser „Räume" kaum. Das gilt auch für die Kinder, die nur „heimlich", in der klaustrophobischen Situation ihrer Zimmer oder außerhalb in Cafés und Kinos agieren. Sonst bliebe ihnen nur die Möglichkeit „aus dem Fenster" zu „springen" (S. 82).

1 Räume im „ersten Stock" (S. 82): **Küche** (Spielort des Geschehens, ständig im Anblick des Topfes mit den Muscheln), **Badezimmer** (S. 6, 19 usw.), „eisiges" **Schlafzimmer** der Eltern (S. 27), **Flur** (S. 43, 81), **Wohnzimmer** (z. B. S. 43, 54) mit abschließbarer Tür. **Zwei Kinderzimmer.**

Alle Zimmer werden zeitweilig „zu"gemacht (Küche S. 54 von der Mutter, Wohnzimmer S. 43 vom Vater, Badezimmer beim Muschelputzen) oder auch abgeschlossen (vgl. „Meine Mutter hätte im Flur vor der Wohnzimmertür gestanden mit meinem Bruder, während mein Vater drinnen die Tür abgeschlossen [...] hätte", S. 81). Auch die Fenster und die Balkontür sind „wegen der Nachbarn" (S. 82) geschlossen. Der Bruder hat „sein Zimmer" (S. 63), dort wird er „eingesperrt". Auch die Ich-Erzählerin hat ihr Zimmer: „Ich habe monatelang in meinem Zimmer gelegen [...] und Bücher gelesen und gar nichts gemacht." (S. 85) „Wenn ich in meinem Zimmer war, ist er reingekommen." Der Bruder sagt: „wenn ich in einem geschlossenen Raum bin, zieht es mich immer zum Fenster". Die Ich-Erzählerin überlegt, wie es wäre, „wenn man vom ersten Stock herunterspringt" (S. 82).

2 **Wohnzimmer:** Schrank mit Hausbar, Esstisch, Klavier, Radio, Fernseher, Sitzmöbel, Telefon
Schlafzimmer: Bett, Schlafzimmerschrank
Badezimmer: Spiegel, Badewanne
Küche: Herd

3 **Im Wohnzimmer:** Vater trinkt einen Kognak, schlägt die Kinder, belehrt die Kinder, schaut Sportschau, isst den Sonntagsbraten, hört Radio, verbittet sich aber das „Geklimpere".
Im Schlafzimmer: Mutter weint, „beerdigt" die Geige.
Im Bad: Mutter toupiert sich, zieht die Lippen nach.
In der Küche: Zubereitung des Essens (manchmal mit den Kindern), gemeinsames Essen „im Stehen". Die Küche wird auch als Raum genutzt, den die Mutter hinter sich „zu"machen kann (S. 54).

4 **Mutter:** Schule – ohne Bedeutung, da vom Vater als unwichtig qualifiziert
Vater: Büro, Tagungshotels – Orte der Selbstverwirklichung
Tochter: Kaffeehäuser, Kinos als Fluchtorte
weitere „Orte": Auto, Urlaubsorte, das Dorf der Großmutter, das Flüchtlingslager als Ort des Übergangs

5 Verweigerung in den Machtbereich des Vaters einzutauchen oder eher Verharren in einer „Schwellenexistenz"? (Körpersprache! Hier Möglichkeit ein „Standbild" zu bauen.)

6 Ausweitung der Diskussion, die die Ergebnisse vertiefen soll.
Als Alternative zu Aufgabe 6 bietet sich an:
Entwerfen Sie einen Grundriss eines für Sie und Ihr Zusammenleben mit Ihrer Familie „idealen" Hauses.

Gesellschaftliche Diskurse in der Familie

Was ist „normal" in der Schule?

Die Entwicklung zu „sozialistischen Persönlichkeiten"

Aus dem DDR-Jugendgesetz von 1974:

Es ist ehrenvolle Pflicht der Jugend, die revolutionären Traditionen der Arbeiterklasse und die Errungenschaften des Sozialismus zu achten und zu verteidigen, sich für Frieden und Völkerfreundschaft einzusetzen und antiimperialistische Solidarität zu üben. Alle jungen Menschen sollen sich durch sozialistische Arbeitseinstellung und solides Wissen und Können auszeichnen, hohe moralische und kulturelle Werte ihr Eigen nennen und aktiv am gesellschaftlichen und politischen Leben, an der Leitung von Staat und Gesellschaft teilnehmen.

Gesetzblatt der DDR 1974, S. 48

Lehrer:	Sie kommen immer in so schmutzigen Pullovern zur Schule.
Schülerin:	Entschuldigen Sie, aber Sie beleidigen meine Mutter.
Lehrer:	Ich meine doch nicht, daß die Pullover nicht gewaschen sind. Aber Sie tragen so dunkle Farben.
Schülerin:	Ich bin blond.
Lehrer:	Ich wünsche, daß die Schüler meiner Klasse optimistische Farben tragen. Außerdem sehen Ihre langen Haare unordentlich aus.
Schülerin:	Ich kämme sie mehrmals am Tag.
Lehrer:	Aber der Mittelscheitel ist nicht gerade.

Ort des Dialogs: Erweiterte Oberschule in G.
Zeit: Zweihundertdreiunddreißig Jahre nach Hinscheiden Friedrich Wilhelms des Ersten, König von Preußen

Reiner Kunze: Die wunderbaren Jahre.
© S. Fischer Verlag GmbH, Frankfurt a. M. 1976, S. 31

© ullstein – Billhardt

1 Setzen Sie die Aussagen von Foto und Texten in Bezug zu dem, was der Vater im *Muschelessen* von der Schule erwartet, was er dabei als „normal" und nicht normal empfindet (S. 49, 50, 51).

2 Was bedeutet die „Verschiebung" der Schulsysteme beim Gang in den Westen für das Verhältnis des Vaters zu seinen Kindern?

3 Wie verhalten sich Vater und Mutter zu den Erziehungsidealen ihrer Schulzeit in der DDR, z. B. dem Ideal der „sozialistischen Persönlichkeit"?

4 Entwerfen Sie selbst einen – für Sie aufgrund Ihrer eigenen aktuellen Erfahrungen „typischen" – Lehrer-Schüler-Dialog.

5 Sprechen Sie über Ihr Bild von Schule und die Rolle von Gewalt in der „Normalität" des Schul- und Familienalltags.

Gesellschaftliche Diskurse in der Familie

Was ist „normal" in der Schule?

Unter der Überschrift „Gesellschaftliche Diskurse in der Familie" fokussieren diese und die folgenden KV Konfliktlinien, die im Wahrnehmungshorizont der Schülerinnen und Schüler liegen und ihren Alltag bestimmen.

Literarische Texte reproduzieren solche Konfliktlinien. So ist auch das *Muschelessen* als ein solcher Text zu verstehen, der wie ein Brennglas die verschiedensten Diskurse seiner Zeit bündelt.

Die Auswahl des Schuldiskurses auf der vorliegenden KV orientiert sich an der Nähe des Themas zum Erfahrungshorizont der Schülerinnen und Schüler und dem relativ großen Stellenwert, den das Thema innerhalb der Familie einnimmt.

Schule gilt traditionell in der Literatur als der Ort, innerhalb dessen hierarchisch-patriarchale Systeme durchgesetzt werden.

Das Bild der Schule, das im *Muschelessen* im Wahrnehmungshorizont der Ich-Erzählerin erscheint, setzt sich zusammen aus den Erzählungen des Vaters über seine Schulzeit „drüben", also in der DDR, und aus den Erfahrungen mit der Mutter, die als Lehrerin im Westen bemüht ist ihren Schülern „Respekt" einzuflößen, denn „Respekt ist eine Voraussetzung, hat sie gesagt, mein Vater hat auch gesagt, dass Respekt eine Voraussetzung ist, eine notwendige, sonst lernt man nichts […]" (S. 18).

Die ausgewählten Bild- und Textmaterialien sind „zeitgenössisch" in dem Sinn, dass sie des Zeitgefühl der im *Muschelessen* dargestellten 70er und 80er Jahre dokumentieren, das besonders dem Erfahrungshorizont des Vaters und seinem Verständnis von schulischen Normen zugrunde liegt.

Das Foto dokumentiert die „präfigurative", d. h. hier – an der Tafel – Sprachmuster und Verhaltensweisen vorschreibende Schulausbildung des Vaters auch in ihrer ideologischen Ausprägung. Das gilt auch für die Einbeziehung des „Originalwortlauts" der normativen Vorgaben des alten DDR-Schulgesetzes. Die autoritäre Fixierung des Vaters auf die Schulleistungen seiner Kinder wird so aus seinen Sozialisationsbedingungen „drüben" verständlich. Das Verhalten des Vaters wird, wenn es auch verständlich sein mag, so doch „im Westen" fragwürdig, da Schulleistungen zum Ideal vergangener Zeiten hochstilisiert und zum Medium der Selbstvergewisserung und Disziplinierung der eigenen Kinder im Innenraum der Familie umfunktioniert werden. („Was wir leiste mussten, […]", S. 50)

Diese Erfahrung ist – unabhängig von ihrer ursprünglichen Kontextbindung an das Schulsystem der DDR – auch auf die aktuellen Alltagserfahrung aller Schülerinnen und Schüler übertragbar, die mit stereotypen Klagen über Leistungsabfall, Vorwürfen wie „lückenhaftes Wissen" oder Herabminderungen wie „Dünnbrettbohrer", konfrontiert sind.

R. Kunzes bekannter Dialog aus dem Band *Die wunderbaren Jahre* dokumentiert diese Einschüchterung durch Sprache (am Beispiel der DDR) in subversiver Absicht und ist zugleich ein andauernd aktuelles Beispiel misslungen komplementärer Kommunikation. Die unmittelbar von schulischen Konflikten betroffenen Schülerinnen und Schüler können – im Bewusstsein, dass die hier vorgelegten Muster „abgelegt" sein sollten – in diesen Diskurs einsteigen und ihn fortschreiben.

1 Tafelbild

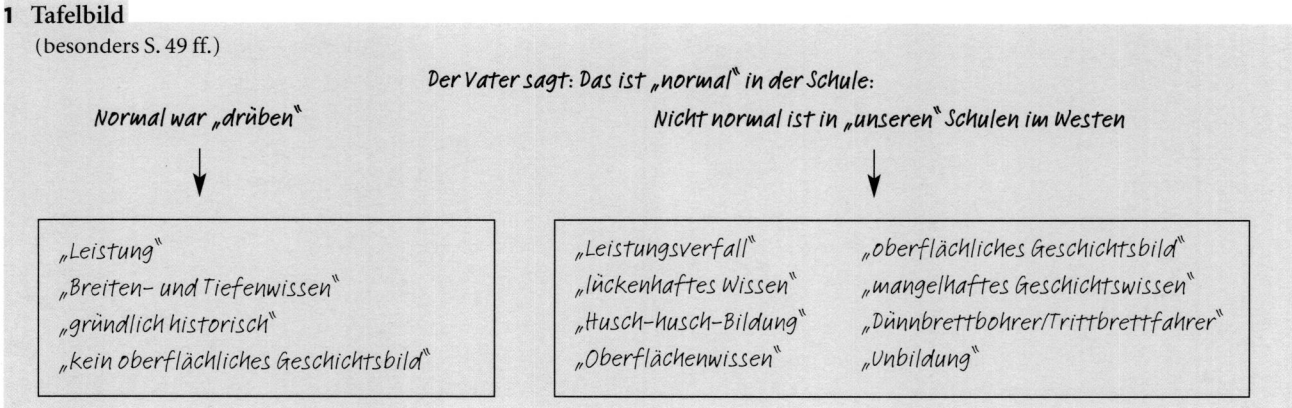

(besonders S. 49 ff.)

Der Vater sagt: Das ist „normal" in der Schule:

Normal war „drüben"

Nicht normal ist in „unseren" Schulen im Westen

„Leistung"	„Leistungsverfall"	„oberflächliches Geschichtsbild"
„Breiten- und Tiefenwissen"	„lückenhaftes Wissen"	„mangelhaftes Geschichtswissen"
„gründlich historisch"	„Husch-husch-Bildung"	„Dünnbrettbohrer/Trittbrettfahrer"
„kein oberflächliches Geschichtsbild"	„Oberflächenwissen"	„Unbildung"

2 Verschiebung bedeutet Verunsicherung des Vaters, Verschärfung des Konfliktpotenzials aufgrund unterschiedlicher Erwartungen an „Normalität" (Schläge, S. 39).

3 Bestätigung der Ergebnisse aus 1: hohes Arbeitsethos, Arbeitsteilung, moralische Kategorien z. B. bei der Mutter (glaubt an das „Gute" im Menschen, an die „Harmonie", allerdings nicht an „Gott", sieht moralisches Versagen). Hohe kulturelle Bildung: Musik (viele Komponisten, atonale Musik), Literatur (Fontane, Euripides), Geschichte (Geschichtsbilder). Prädisposition für „Leitung" und Leitungs-

aufgaben nur beim Vater realisiert, allerdings: in Ablösung von den „Traditionen der Arbeiterklasse" als „Angestellter"

4 Alternative Dialoge: „Gelungen komplementär"– was heißt das in der Schule/in der Familie?

5 Gewalt als Erfahrung zwischen Schülerinnen und Schülern, nicht mehr zwischen Lehrkräften und Schülerinnen und Schülern? Strafen bei schlechten Noten? Eventuell Gelegenheit zur Differenzierung des Gewaltbegriffs: personale, verbale, strukturale Gewalterfahrungen in der Schule?

Gesellschaftliche Diskurse in der Familie

Sonntagsrituale

Grillen im Stadtpark Hamburg Winterhude 14. 5. 2000

Aussagen aus dem *Muschelessen*   **Meine aktuellen Erfahrungen**

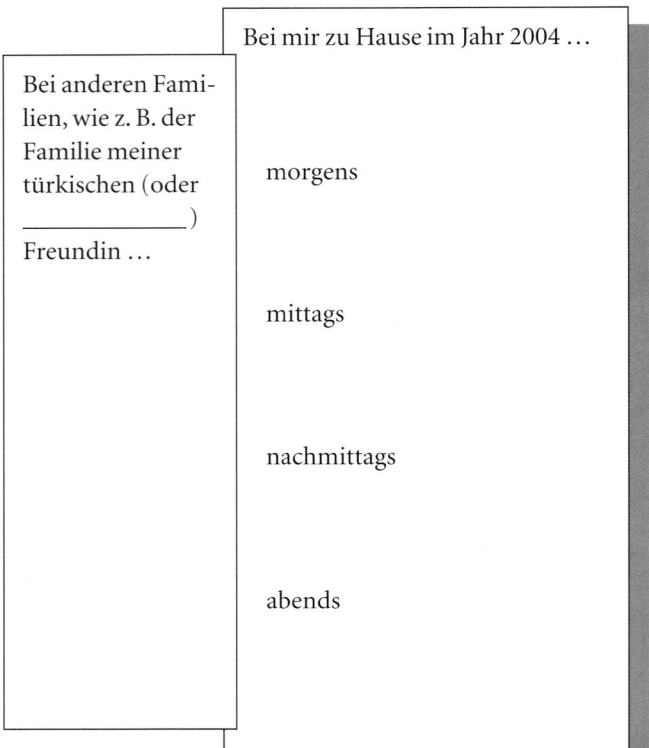

Bei „uns" in der Familie, die aus der DDR nach Westberlin gegangen ist …

morgens

mittags

nachmittags

abends

Bei den „anderen" Familien …

Bei anderen Familien, wie z. B. der Familie meiner türkischen (oder _____) Freundin …

Bei mir zu Hause im Jahr 2004 …

morgens

mittags

nachmittags

abends

1 Stellen Sie im Schema das „Sonntagsritual" der *Muschelessen*-Familie dar.

2 Welche Rolle spielen die „anderen"? Welche Rolle spielt das eigene „Ritual" für die in den Westen geflohene Familie?

3 Tragen Sie ihre persönlichen aktuellen Erfahrungen ein: Was ist für Sie sonntags „normal"? Was haben Sie bei anderen Familien erlebt? Welche Veränderungen sind aus Ihrer Sicht seit den 70er und 80er Jahren eingetreten?

4 Schieben Sie die Modelle ineinander und entwickeln Sie „Szenen" und Dialoge, die auf diese Weise entstehen.

Gesellschaftliche Diskurse in der Familie

Sonntagsrituale

Mit dem Aufgreifen dieses Themas eröffnet B. Vanderbeke im weitesten Sinne einen „interkulturellen" Dialog.
Sie legt ihrer Erzählung die Erfahrung der „Verschiebung" zugrunde, gestaltet als zeitliche Verschiebung bzw. Verspätung des Vaters, als topografische, örtliche, Verschiebung beim Gang in den Westen und als habituelle Verschiebung in der ewigen „Umstellerei" der Mutter. Dabei können „schon geringere Verschiebungen das größte Unglück herbeiführen" (S. 34).
Diese Erfahrung ist für unsere Gesellschaft auch in einem weiteren Sinne konstitutiv: Nicht nur die Öffnung der Grenzen nach 1989, auch die Erweiterung der Europäischen Gemeinschaft zum 1. 5. 2004 wie zuvor die Migrationsbewegungen von „Gastarbeitern" haben die gesellschaftlichen Konventionen pluralisiert und die Erfahrung der Heterogenität alltäglich werden lassen. Die Verunsicherung der in die bundesrepublikanische Gesellschaft „Verschobenen" hat dabei auch zur Verfestigung von „Ritualen" geführt, die unhinterfragt als „Normalität" gesetzt bei der nachwachsenden Generation oft nur noch mit Gewalt durchgesetzt werden können. Das gilt, wie B. Vanderbeke zeigt, auch für die ehemaligen Flüchtlinge aus der DDR.
„Eine Instanz, die in Deutschland den berechtigten Anspruch erheben dürfte eine Aussage über die Manieren zu machen, gibt es nicht mehr." (S. 21) Die grundgesetzliche Festlegung in Artikel 140: „Der Sonntag und die staatlich anerkannten Feiertage bleiben als Tage der Arbeitsruhe und der seelischen Erhebung gesetzlich geschützt" ist häufig nicht mehr durchsetzbar. Der Vater besteht jedoch auf einer solchen Nutzung, indem er die Familie dazu zwingt, den Sonntag in seinem Sinne „kulturvoll" zu verbringen. Alle anderen, die „anderen Kinder", die „auf der Straße spielen", haben „keine Kultur".
Der Verlust gesellschaftlichen Einvernehmens über das einer Situation angemessene Verhalten hat viele Ursachen. Fakt ist, dass B. Vanderbeke dies nutzt um die andauernden oder sich neu wieder belebenden binären Muster des „Eigenen" und in der Sichtweise des Vaters „Anderen" zu rekonstruieren. Damit rekonstruiert sie auch ein psychologisches Problem: die Ablehnung des „Anderen" und die Verabsolutierung von Normalitätsvorstellungen als ein Zeichen misslungener Ich-Bildung, auch verbunden mit der Projektion des abgelehnten oder unbewältigten „Eigenen" auf den „Anderen". Dies signalisiert bei B. Vanderbeke die Bezeichnung „die andere Großmutter" bzw. „eine richtige Familie".
Mit dem experimentellen Verschieben der Modelle auf der KV lässt sich sowohl die Vereinbarkeit jeweils „anderer" Normalitätsvorstellungen als auch das Konfliktpotenzial der „Multikulturalität" dokumentieren. Damit wird die Ebene des Generationenkonflikts nicht verlassen, sondern nur erweitert.
(Zum Thema „Fremdheiten und Eigenheiten im Deutschunterricht" vgl. auch: Praxis Deutsch 134, 1995.)

1/2 (Vgl. S. 53 ff.)

Aussagen aus dem *Muschelessen*	andere	andere z. B. türk. Familien	Meine aktuellen Erfahrungen
morgens: Verdi hören			wir: ausschlafen … oder …
mittags: Braten	mittags auf der Straße	…	(kein) Kirchgang …
nachmittags: Ausflug		…	(kein) Mittagessen …
abends: Sportschau	abends „Raumschiff Orion"		

3 Konfliktpotenzial:
– Was passiert, wenn Eltern das Ausschlafen nicht tolerieren?
– Was passiert, wenn in einem Mietshaus türkische und deutsche Familien sonntags ihre „Rituale" umsetzen?
– Was passiert, wenn fremde Kinder am Sonntag im elterlichen Wohnzimmer spielen?
– Was passiert, wenn …?

Zusatzmaterial
Oppositionen von „Eigenem" und „Anderem" gehörten besonders unter den Bedingungen des Kalten Krieges, weitgehend auch unter den Voraussetzungen eines historisch-dialektischen Denkens bis 1989 zum Wortschatz und Sozialprofil der Deutschen. Reiner Kunze oder Erich Fried haben dies schon in den 70ern aufgegriffen und karikiert. (Vgl. dazu KV 17.)

Gesellschaftliche Diskurse in der Familie

Wann ist ein Mann ein Mann?

Beckham und die Haartracht

Die chinesischen Behörden haben ihrer Nachwuchs-Nationalelf verboten einen Pferdeschwanz wie David Beckham oder andere seltsame Frisuren zu tragen. „Bevor man ein Fußballstar wird, muss man lernen sich wie ein echter Mann zu benehmen", hieß es.

1 Woran erkennen Sie auf den Fotos, dass es sich bei den dargestellten Personen um „Männer" oder um „Frauen" handelt? Wie erklärt sich die Irritation der Geschlechtsidentität?

2 Suchen Sie weitere Fotobeispiele für die Reibung bzw. Nichtidentität von „Geschlecht" und „Maskierung" aus Zeitungen und Zeitschriften.

3 „Dass mein Bruder hat Kleidchen tragen wollen, das ist alles andere als normal." (S. 77)
Welche „Maskierung" bzw. welches männliche „Gender"(- Muster männlichen Verhaltens und Auftretens) legt der Vater der Erziehung seines Sohnes zugrunde?
Was muss ein „richtiger" Junge, was darf er nicht? Suchen Sie dazu Zitate aus dem *Muschelessen*.
Welches Bild eines „richtigen" Mädchens wird indirekt mit diesem Männerbild verbunden?

4 Wie reagiert Herbert Grönemeyer mit seinem Song *Männer* auf diese Problematik? Oder Nicki mit dem Lied *Weil ich ein Mädchen bin*? Suchen Sie beide – und weitere – Texte im Internet unter: www.lyrics-world.de und ziehen Sie Vergleiche zur Art der Behandlung des Themas im *Muschelessen*.

Gesellschaftliche Diskurse in der Familie

Wann ist ein Mann ein Mann?

Mit der Eröffnung des Geschlechter-Diskurses stößt diese KV in ein Zentrum der Interpretation vor. Indem die Autorin diesem Thema eine große Bedeutung innerhalb der Familie einräumt, öffnet sie ihre Erzählung auch einer gendertheoretischen Fragestellung: Welche Stereotype von „Männlichkeit" und „Weiblichkeit" gibt es im Text? Wie und von wem werden sie (de)konstruiert? Welche Machtmechanismen liegen den Geschlechterverhältnissen zugrunde? Werden möglicherweise neue Geschlechterkonzepte entwickelt?

Anja Saupe hat als erste Vorschläge zur Einbeziehung der Gender Studies in die Interpretation von B. Vanderbekes *Muschelessen* vorgelegt (DU 52, 2000): „Der – autoritäre – Vater betrachtet im Rahmen seines starren Weltbildes eine feste Opposition der Geschlechter als natürlich und fordert ein entsprechendes Rollenverhalten nachdrücklich ein."

Angesichts der Tatsache, dass bereits die 20er und frühen 30er Jahre „spielerisch" mit Geschlechtsidentitäten umgegangen sind, fällt auf, dass der von B. Vanderbeke widergespiegelte Diskurs eher regressive Züge trägt. Das Weltbild des Vaters zeigt Spuren eines vergangenen „heroischen" und „gepanzerten" Männerbildes. Dieses Männerbild, soweit es in den 80er Jahren bei dem Vater im *Muschelessen* noch präsent war, mag als Nachwirkung eines „männlich heroischen Heldentypus" gesehen werden. Seine stereotype Verhärtung könnte aber auch dadurch verursacht sein, dass im Produktionsprozess industrieller Gesellschaften stereotype Konstruktionen zwischen biologischem Geschlecht und Geschlechtsidentität faktisch immer wieder übersprungen worden sind. (Hier und im Vorangehenden folge ich: DU 47, 1995, S. 7 ff.). Dies zeigte sich beispielsweise in der DDR, aber auch in der Bundesrepublik an der männlichen „Uniformierung" der Frauen oder der Zuschreibung eines männlichen Arbeitsplatzes beispielsweise als Hufschmiedin, an dem die Frau „ihren Mann" stehen musste. Im „Westen" entwirft die aktuelle Werbung bis heute immer wieder androgyne Leitfiguren wie beispielsweise den bekennenden „Metrosexuellen" David Beckham und schreibt so das irritierende Spiel mit den Geschlechtsidentitäten fort.

In dieses Spannungsfeld sind Heranwachsende mit ihren Geschlechterrollen gestellt. B. Vanderbekes *Muschelessen* zeigt, wie die Herausbildung der Geschlechtsidentität junger Frauen und Männer heute durch die soziale Verunsicherung der Elterngeneration zusätzlich belastet ist und häufig zur innerfamiliären Machtfrage wird. Die Vereinbarkeit einer „geblümten Existenz" mit dem männlichen Geschlecht steht bis zum Ende der Erzählung unter dem von Sohn und Tochter verinnerlichten väterlichen Verdikt: „Alles andere als normal".

Die KV will hier zunächst nur Gelegenheit zur Umschreibung eines kulturellen Zustands geben und nicht vorschnell Lösungen finden, wie es die „Utopie einer androgynen Existenz" sein könnte, die A. Saupe im Blick hat und die B. Vanderbeke im Hinblick auf die Vereinbarkeit von „Musik" und „Mathematik" (S. 93) zu befürworten scheint.

1 Eindeutig: Behaarung, Figur.

Nicht eindeutig: Frisur (lange Haare, Pferdeschwanz), Situation. Irritation entsteht aus Regelabweichungen in der „Maskierung" der Geschlechtsidentität. Dies spricht die Zeitungsmeldung explizit aus: Ein „echter Mann" darf keinen Pferdeschwanz tragen. Hier wird die Reaktivierung der Gender-Frage im Kontext autoritärer Systeme (hier China) deutlich, die jeden ausgrenzen, der „anders" ist. Die anderen Fotos verdeutlichen die faktische Verschiebung der Erwartungen an männliches und weibliches Verhalten im Prozess der Moderne.

2 Unzählige Fotobeispiele aus der Werbung oder aus aktuellen Modenschauen dokumentieren immer wieder, wie die Mode den Mann bzw. die Frau angleicht (Unisex) oder mit jeweils „anderen" Attributen ausstattet: geschminkte Männer, geliftete Männer (Berlusconi) etc. Frauen in Hosen und Männer in Röcken sind dabei allerdings nichts Neues. Es wird deutlich, wie modische Gender auf konventionellen Absprachen beruhen, die ethnografisch abweichen können: Schottenrock, „Hosen" bosnischer Frauen, „Kleider" japanischer und chinesischer Männer.

3 Ein Junge muss:
Fußball spielen, Competition haben, gute Noten schreiben, (S. 37) ein weißes Hemd mit Kragen tragen, den obersten Hemdknopf geschlossen halten (S. 89), Manieren haben gegenüber „Damen", kurze Haare haben.

Ein Junge darf nicht:
Kleidchen tragen, blonde Löckchen haben, weichlich sein, eine „geblümte Existenz" sein (S. 37).

4 „Männer" werden als „leidtragende" Opfer ihrer eigenen Stereotypen dargestellt und heroisiert. Zu den genannten und anderen Liedern könnte auch ein Video-Clip gedreht werden, der die Widersprüchlichkeit von Text- und Bildbotschaften ausnutzen könnte. B. Vanderbekes Darstellung rekonstruiert diese Muster als anscheinend „normal" und unterläuft sie gleichzeitig mit dem Hinweis auf den Leidensdruck der Männer, den „Tick" des Bruders und die „Schmach" des Vaters (S. 98 f.).
(Vgl. auch KV 14.)

Gesellschaftliche Diskurse in der Familie

Der weibliche Körpercode: „Schönheit"?

„Schönsein" heißt in unserer Gesellschaft

_____

_____

_____

Maßstab des Schönen ist

_____

_____

_____

Im Muschelessen ist „das Schöne"

_____

_____

_____

„Ich bin total verzweifelt, weil ich so hässlich bin! Meine Freunde sagen, ich spinne, aber sie wissen nicht, was in mir vorgeht und welche Angst ich hab! Meine Lippen sind viel zu wulstig und ich beobachte ständig meine Haut, jeder Pickel macht mich wahnsinnig, ich bin total entstellt. Auch der Hautarzt kann mir nicht helfen. Manchmal stehe ich Stunden vor dem Spiegel – das geht schon seit Jahren so. Ich traue mich schon fast nicht mehr aus dem Haus – ins Schwimmbad gehe ich schon lange nicht mehr. Wegen meines Aussehens habe ich auch gar keinen Freund und meine Freunde gehen mir schon alle aus dem Weg. Ich weiß einfach nicht mehr weiter. Ich würde am liebsten nicht mehr leben!"

Riccarda, 16 (BRAVO, 22. 5. 2002)

1 Lesen Sie den Leserbrief und rekonstruieren Sie die Maßstäbe, nach denen hier ein Mädchen sich selbst und seinen Körper beurteilt.

2 Suchen Sie zur Veranschaulichung Bilder für die dahinter stehenden Erwartungen an den weiblichen Körper und sammeln Sie wörtliche Belege dafür, dass diese Maßstäbe auch in der _Muschelessen_-Familie gelten.

3 Welche Macht haben diese Erwartungen an den weiblichen Körper im _Muschelessen_:
– über den Vater (vgl. z. B. S. 70),
– über die Mutter (vgl. z. B. S. 20),
– über die Tochter (vgl. z. B. S. 74)?
Suchen Sie Szenen im _Muschelessen_, die so nicht entstanden wären, wenn die Tochter einen anderen Körper gehabt hätte.

4 Wie kann eine junge Frau aus dieser Situation heraus glücklich werden?
Formulieren Sie Ihre eigene Antwort auf die Frage: Dein Traum vom Glück?
Oder: Übernehmen Sie die Rolle der Tochter und beantworten Sie für sie diese Frage.

Gesellschaftliche Diskurse in der Familie

Der weibliche Körpercode: „Schönheit"?

Der Begriff „Gender" will festhalten, „dass Geschlechtsidentität nicht angeboren, sondern soziokulturell durch Zuschreibungen erworben wird. Er ist somit Ausdruck der Einsicht, dass Weiblichkeit und Männlichkeit zeitgebundene Konstruktionen sind. Dabei kommt dem weiblichen Körper als „Einschreibungsfläche" von Geschlechtsidentität eine besondere Bedeutung zu. Die verbale Zuschreibung von Schönheit an „das schöne Geschlecht" lässt die Frau nur in einem schönen Körper zu voller weiblicher Identität finden. Das vorgelegte Material soll die Fixierung der Frau auf ihren schönen Körper verdeutlichen, die sich auch unter veränderten gesellschaftlichen Bedingungen bis in die Gegenwart fortgesetzt, ja unter dem Druck der Medienbilder noch verstärkt hat und den meisten jungen Mädchen heute selbstverständlich erscheint. Besonders die Werbung löst den Körper als Statussymbol von der natürlichen Identität der Person. Die Folge sind häufig martialische Eingriffe in natürliche Abweichungs- oder Alterungsprozesse, angefangen von der Zahnspange bis hin zum Lifting. Diese bis zur Identitätskrise sich verstärkende existenzielle Betroffenheit, einen falschen Körper zu haben und damit auch für die Gesellschaft „gestorben" zu sein, verdeutlicht der vorliegende Leserbrief.

Diesen Erwartungsdruck und seine Folgen für die Betroffenen rekonstruiert B. Vanderbeke, indem sie die Tochter als hässliches und behaartes Affenkind (Pickel, krumme Beine, S. 38) vorstellt, deren Körperlichkeit vom Vater negativ besetzt und noch verstärkt wird. Weibliche „Identität kann [...] sogar als Bedrohung empfunden werden", als „Bildmacherei", als Versuch den Menschen gegen seinen Willen und seine Möglichkeiten „dingfest" zu machen. (Bernd Neumann: Identität und Rollenzwang. In: Autobiografische Texte. Stuttgart: Reclam 9589, S. 181) So heißt es von der Mutter: „Sie hat nicht gefunden, dass das Schöne ausgerechnet eine toupierte Frisur sein muss" (S. 36) oder „nicht gefunden, dass das Schöne ausgerechnet lackierte Fingernägel sein müssen, aber mein Vater hat von seiner Sekretärin die ochsenblutrot lackierten Fingernägel gelobt und davon geschwärmt, nimm dir ein Beispiel, hat er zu meiner Mutter gesagt" (S. 107). Von dieser Matrix ist auch die Tochter betroffen: Ihre stark stilisierte Sprache zeigt den Leserinnen und Lesern, wie zwanghaft solche Muster gehandhabt und rezipiert werden und leitet doch mögliche Bedeutungsverschiebungen (das Schöne ist nicht ..., das Schöne ist ...) und damit eine Befreiung von solchen Mustern ein (vgl. KV 18).

Wie bei der Besprechung männlicher Gender können die Schülerinnen und Schüler auch in diesem Zusammenhang nur so weit an das Thema herangeführt werden, wie sie selbst zu gehen bereit sind.

(Literaturhinweis: Jahresheft: Körper. Friedrich Verlag 2002)

1/2 Schönsein: einen Freund haben, ins Schwimmbad gehen können, Freunde haben

Maßstab des Schönen: ebenmäßige Züge, reine und glatte Haut, damit: Äußerlichkeiten der körperlichen Erscheinung.

Im *Muschelessen* ist „das Schöne": „lackierte Fingernägel" (S. 107), „eine toupierte Frisur"(S. 36), die „Sekretärin", „Haare sich blond [...] färben" (S. 107), sich „pflegen".

3 Vater: soziale Ängste, Verunsicherungen, Fluchtverhalten, Aggression, „Oberflächenressentiment"

Mutter: Angst vor sozialer Ausgrenzung, vor abweichender Biografie(„keinen Mann" finden)

Tochter: Selbstekel („schwarze Haare", „man sieht das leider sofort", S. 13), Verunsicherung („kein Sohn, aber [...] für seine Tochter zu hässlich"), Hilflosigkeit, Fluchtverhalten (Bücher, Cafés, Kino)

Das rebellische und manipulative („heimliche") Ausweichverhalten der Tochter erscheint zwanghaft. Ihre Zwanghaftigkeit scheint völlig ich-fremd zu sein.Totale Unterdrückung aller Liebeswünsche ist der sie beherrschende Abwehrmechanismus: Sie hat keinen Freund und keine Freundin. Vereinfacht und für die Schülerinnen und Schüler nachvollziehbar heißt das, dass die Tochter zu einer Beziehung, in die sie sich auch in ihrer Körperlichkeit einbringen könnte, nicht fähig scheint.

Seite 69 ff.: Vater erzählt, wie er die Neugeborene zurückweist, beschimpft, sich betrinkt, das Kind gegen die Wand wirft (S. 72). Verunsicherung der Tochter durch Double bind-Kommunikation: „nicht sein Sohn" – als „Tochter zu hässlich". Die komplementäre Wahrnehmung des Sohnes als „blond" und voller „Weichlichkeit" (S. 85) erscheint als Reaktion auf die Wahrnehmung der Tochter als dunkel „behaart". Die „Schlechtigkeit" der Tochter, ihre Selbsteinschätzung als „böse" (z. B. S. 81) ist Folge ihrer frühen Herabminderung. Angesichts der traditionell zwingenden Verbindung von „schön" und „gut" (Kalokagathia: griechisches Erziehungsideal) wird die Zuschreibung von „schlecht"/ „böse" zu „hässlich" für die Tochter zwangsläufig.

4 Dein Traum vom „Glück"? Bei der Tochter im *Muschelessen* evtl. Ausweichen vor den Rollenerwartungen an ein weibliches „charmantes" Verhalten, Ausweichen in die Welt der Bücher oder: evtl. Erträumen eines anderen Körpers. Für viele Schülerinnen und Schüler mag auch gelten, was Eckard Liebau im Sonderheft 2002 des Friedrich Verlags auf Seite 36 schreibt: „Nach der Konjunktur androgyner Modelle scheinen jetzt Weiblichkeit und Männlichkeit wieder stärker ausdifferenziert und betont zu werden. So merkwürdig viele dieser Versuche auch ausschauen, so deutlich liegt ihnen doch ein gemeinsames Motiv zugrunde: einen über den Leib vermittelten Zugang zur eigenen Person zu finden [...]"

Der Kampf um die richtigen Begriffe

Das Gesetz des Vaters: Sprachregelungen

Vater: *Das heißt …*

… *toxisch*
kommt aus dem

_____ ⟶

Das hieß „früher"
in der DDR:

_____

_____

… *Martini trocken*
kommt aus dem

_____ ⟶

_____

_____

Mutter:
Er will damit sagen …

_____

_____

_____

… *Wärmekapazität*
kommt aus dem

_____ ⟶

_____   ⟶

_____

… *Pep*
kommt aus dem

_____ ⟶

_____

_____

_____

_____

… *Dame*
kommt aus dem

_____ ⟶

_____

1 Bestimmen Sie die sprachliche Herkunft der vom Vater verwendeten Bezeichnungen.

2 Suchen Sie Situationen, in denen diese „Fremdwörter" im *Muschelessen* fallen:
– Was bedeuten die neuen Wörter? Welche „früheren" Bezeichnungen haben sie verdrängt?
– Welche kommunikative Funktion übernehmen sie bzw. was „meint" der Vater jeweils damit?
  Unterscheiden Sie dabei die „vier Botschaften einer Nachricht"
  (Informationsbotschaft, Ausdrucksbotschaft, Appellbotschaft, Beziehungsbotschaft).
– Was bedeutet es beispielsweise für die Mutter, die neuen Wörter nicht zu kennen?

3 Sammeln Sie weitere für die aktuelle Orientierung und Selbstdarstellung im öffentlichen Leben der Bundesrepublik
unverzichtbare „Imagewörter".

4 Welche Wörter hat der Vater seit seiner Flucht in den Westen wohl aus seinem Wortschatz gestrichen, was hat er
beibehalten? Ziehen Sie beispielsweise den Text von Monika Maron (KV 2) als Hilfe heran oder den Text „*Sprich, damit ich
dich sehe*" von Wolfgang Thierse (KV 23).
So können Sie vertiefend weiterarbeiten:
– Untersuchen Sie anhand von Beispielen aus dem „Kanakendeutsch", vor welche sprachlichen Probleme junge Türken sich
  bei ihrem Hineinwachsen in die deutsche Gesellschaft gestellt sehen (vgl. F. Zaimoglu: Abschaum. Hamburg: Rotbuch 1997).
– Sprachnorm – Sprachnormierung – Sprachregelung: Was verstehen Sie unter diesen Begriffen
  und welche konkreten Erfahrungen verbinden Sie damit?

Der Kampf um die richtigen Begriffe

Das Gesetz des Vaters: Sprachregelungen

Mit diesem Thema wird der Schwerpunkt der Analyse in den Bereich „Reflexion über Sprache" verlagert. Die thematische Verschränkung der Vaterproblematik mit der Herkunftsgeschichte der Eltern aus der DDR verbindet im *Muschelessen* mehrere Sichtweisen des Problems der Männersprache: eine historisch-politische und eine feministische. Der dekonstruktive Feminismus entwickelte in den 90ern Ansätze zur Dekonstruktion männlicher Rhetorik. Sein Ziel ist es, die „Sprache des Patriarchats" als solche zu entlarven. Hier setzt die KV an. Der Begriff „Gesetz des Vaters" greift eine Formulierung auf, mit der Sprache als eine wesentliche Ausformung der patriarchalen Ordnung definiert wird. Dies soll hier an der Bezeichnungspraxis in der Familie erfahrbar gemacht werden: „Meine Mutter hat aus Versehen noch giftig gesagt. Bei uns hat jetzt manches anders geheißen als früher." (S. 22) Zur Vergewisserung seiner neuen Identität nach dem Gang in den Westen setzt der Vater neue bzw. „andere" Worte ein. Dies sind „Fremdworte" aus dem Lateinischen, Italienischen und Englischen und dabei Ausdrucksweisen einer bürgerlichen „Leitkultur" (besonders das Wort „Kavalier" im Zusammenhang mit „Dame"). Gleichzeitig signalisiert die technokratische Semantik („Motoren zum Laufen bringen") das Fortwirken von Einflüssen aus dem Russischen. Diese idiomatische Übernahme des „Fremden" als des „Eigenen" steht im Widerspruch zu dessen expliziter Ablehnung in Formulierungen wie „Softeis ist keine Kultur." (vgl. KV 12).

In der Analyse dieser Bezeichnungspraxis lassen sich von manchen Autoren noch getrennt behandelte Ebenen der Textinterpretation integrieren: Die inhaltlich-thematische, die sprachlich-ästhetische und die historisch-politische, alle komprimiert in der Frage: Welche „Neuworte" und Wortbildungen charakterisieren eine Gesellschaft? Wer bestimmt, welche Worte man kennen und anwenden muss? In welcher Weise und von wem wird – über die Sprache –Zwang ausgeübt? Orwell bestimmt den Zweck der „Neusprache" als „Deckung ideologischer Bedürfnisse" und stellt fest: „Sobald die Altsprache ein für allemal verdrängt war, war auch das letzte Bindeglied mit der Vergangenheit dahin." (George Orwell: 1984. Zürich: Diana Verlag 1950, Anhang) Das gilt auch für die „Neusprache" des Vaters. Sie dient der Beschönigung der eigenen Biografie, der Verdrängung der Vergangenheit und der Ausübung von Herrschaft in der Familie. Diese KV fokussiert als Methode der Sprachlenkung die Bezeichnungssteuerung, die ansonsten auf der vorhandenen Sprache aufbaut. Die Einbeziehung konkreter Beispiele gegenwartssprachlicher Tendenzen in der Bundesrepublik Deutschland kann zur Aufklärung über die eigenen sprachlichen Sozialisationsbedingungen und das eigene Sprachverhalten beitragen. Vorrangig sollte hier die Wahrnehmung dafür sein, dass Versuche sprachlicher Normierung zugleich Versuche gesellschaftlicher Disziplinierung und Ideologiebildung sind, egal von wem und wo sie ausgeübt werden, in der Familie, in der Werbung oder in der Politik.

1 Herkunft aus dem Lateinischen, Italienischen, Französischen

2 „toxisch" (S. 22), früher: „giftig", hier als Disziplinierungsstrategie des Vaters; „Martini trocken" oder „Cinzano rosso" (S. 90), früher: in der Sache unbekannt, hier: Mittel zur Herabsetzung der Ehefrau, Heraufsetzung des eigenen „gesellig[en] Charme[s]"; „Wärmekapazität"(S. 22) früher: „Oh verdammt, sind die heiß.", hier: wie bei „toxisch"; „competition" (S. 37), früher: „wettstreiterisch", hier: als Möglichkeit sich selber aufzuwerten; „Pep" haben (S. 89), früher: „Staat machen", hier: Herabminderung der Frau; „Dame" (S. 91): früher: „Frau", hier: komplementäres Verhalten eingefordert als „Kavalier".

Die Unterscheidung der „vier Botschaften" verdeutlicht den Vorrang der patriarchalen Ausdrucks- und Beziehungsbotschaft vor der Information, beispielsweise in der Zuordnung eines bestimmten Verhaltens (Pep) an die Ehefrau: Darin liegt die Aufforderung: Putz dich raus. Und die Beziehungsbotschaft: Du genügst nicht meinen Ansprüchen.

3 Diese Frage eröffnet den Schülerinnen und Schülern vielfältige Möglichkeiten ihren eigenen Wortschatz zu aktivieren und zu reflektieren und damit als gesellschaftliches System zu beschreiben, dem sie im Zwang zum Erwerb der „richtigen" Worte ausgesetzt sind: Anglizismen: „cool", „Drive-in", „Fastfood" … Italienisches Lifestyle-Vokabular: „Antipasti", „Cappuccino …" oder die Computer-Sprache. Das „Gesetz" wird hier, anders als bei der Sprachregelung autoritärer politischer Systeme, von einem öffentlichen „Mainstream" gesetzt, den wiederum die Werbung wechselseitig verstärkt.

4 Es ist möglich, den Schülerinnen und Schülern hier weiteres Material an die Hand zu geben (Texte Ost – Texte West). Die Texte der KV 2, 6 und 12 erlauben jedoch ausreichende Antworten: Gestrichen wird das sozialistische Vokabular („Schuleinzugsbezirksgrenzen", „sozialistische Persönlichkeit" etc.). Mit dem Verlust des Referenzsystems „real existierender Sozialismus" geht auch die Bezeichnung verloren. Schülerinnen und Schüler aus den neuen Bundesländern werden weitere Beispiele kennen: Dispatcher, Broiler etc. (vgl. W. Thierse, KV 23). Beibehalten werden: Begriffe, die im westdeutschen Wortschatz heimisch werden konnten oder waren: Motoren, Effektivität, Wärmekapazität (S. 42) (Wortschatz eines dynamischen und technisch fortschrittlichen Weltbildes). Die Phrasen: „Da ist eine Mutter schuld" oder auch die autoritären Nominalisierungen „das Strafenfestsetzen und Ordnungschaffen" (S. 35) könnten auch als Fortsetzung der bei M. Maron dem Funktionärs-Vater zugeschriebenen sprachlichen Verhaltensweise verstanden werden.

Der Kampf um die richtigen Begriffe

Das Gesetz des Vaters: Erinnerungen und Geschichten

> Eine Geschichte zu haben, persönliche Identität auszubilden – für ein Subjekt bedeutet das, dass es auf Geschichten zurückgreifen muss.
>
> Christian Hoffmann: Die Konstitution der Ich-Welt. Würzburg: Königshausen und Neumann 2000, S. 111

Die Eltern über die Ich-Erzählerin:

Als Kind hast du …

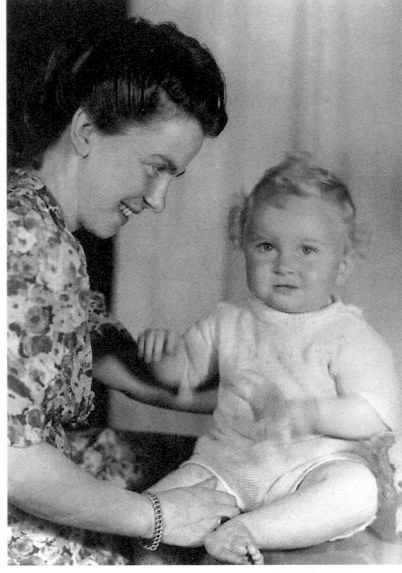

Privatbesitz

Die Ich-Erzählerin über sich selbst:

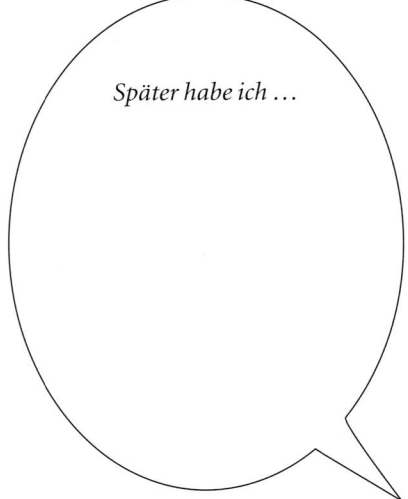

Später habe ich …

1 Welche „Geschichten" erzählen die Eltern im *Muschelessen* ihrer Tochter über deren Kindheit (S. 71 f.)? Vergleichen Sie die Art, in der die Tochter über sich selbst spricht (z. B. S. 81 f.), mit den ihr von den Eltern „zugeschriebenen" Geschichten.

2 Welche Art von „Geschichte(n)" wählt der Vater bevorzugt aus, um sie an seine Kinder weiterzugeben?
– Sammeln Sie „solche Geschichten".
– Untersuchen Sie am Beispiel der „Geschichte mit den Bananen" (S. 12), welche Möglichkeiten die Autorin nutzt diese Art der väterlichen Erinnerungskultur zu kommentieren.

3 Der Vater legt sich im „Westen" ein neues, vom „Ziegler" (S. 49) vermitteltes Geschichtsbild zu:
– Welches „alte" Geschichtsbild will er damit, „weil es das falsche war" (S. 49), ablegen?
– Welche Hinweise gibt Ihnen dabei der folgende Satz aus dem *Kommunistischen Manifest* von Karl Marx (1848): „Die Geschichte aller bisherigen Gesellschaft ist die Geschichte von Klassenkämpfen [...] Unterdücker und Unterdrückte standen in stetigem Gegensatz zueinander. [...] Der nächste Zweck der Kommunisten ist: Bildung des Proletariats zur Klasse, Sturz der Bourgeoisieherrschaft, Eroberung der politischen Macht durch das Proletariat. [...]"
– Wie handhabt der Vater das „neue" Geschichtsbild bzw. „den Ziegler"?

4 Erinnerungsvorgänge vollziehen sich nach Ansicht von Psychologen beispielsweise in isolierten „Stories" oder nach dem Muster von gestalteten Fortschrittserzählungen oder Rückschrittserzählungen.
Überlegen Sie, welche Verlaufsstruktur die Ich-Erzählerin ihrer Erinnerung an „diesem Abend" unterlegt, und schreiben Sie ihre Geschichte bzw. ihren Lebenslauf im Sinne dieser Verlaufsstruktur weiter.

5 „Ich jedenfalls kann mich genau erinnern ..."
– Woran erinnern Sie sich ganz genau? Nehmen Sie ein persönliches „Erinnerungsstück" und erzählen Sie.
– Wozu brauchen wir als Deutsche auch Erinnerungsstücke einer kollektiven Erinnerungskultur? Geben Sie Beispiele.

Der Kampf um die richtigen Begriffe

Das Gesetz des Vaters: Erinnerungen und Geschichten

„Wir sind, woran wir uns erinnern." So titelt „Psychologie heute" im Jahr 2000. Auch in der *Muschelessen*-Familie wird immer wieder an Vergangenes erinnert und die Kinder lassen sich von ihren Eltern „gern erzählen" (S. 11). Die Ich-Erzählerin greift solche „Geschichten" in ihrem Erinnerungsprozess auf und lässt sie als Bausteine ihrer Identität erkennen. Dazu rechnet sie auch das eigene Erzählen der „überspanntesten Geschichten" (S. 16). Aber Erinnerungen sind formbar. Sie verändern sich ständig – und wir mit ihnen nach Maßgabe unserer „Begreifungskraft", je nachdem, an welchem Punkt unserer Lebensgeschichte wir uns jeweils befinden. Dabei sind individuelle „Erinnerungsgipfel", die jeweils aus dem „Archiv" herausgeholt werden, identitätsbestimmend. Die Art, wie wir uns erinnern und woran wir uns erinnern, korreliert mit unserem depressiv oder optimistisch gestimmten Selbstwertgefühl. Auch auf gesamtgesellschaftlicher Ebene konstituiert das „Geschichtsbild" „Identitäten", wie beispielsweise weltanschauliche Parteien, Firmen oder auch Nationen. Für das *Muschelessen* heißt das: An welche Ereignisse und „Geschichten" erinnert sich die Ich-Erzählerin? Welche Erinnerungsschwerpunkte sind erkennbar? Welche „Erzählform" wählt sie für „diesen Abend"? Erzählt sie „linear" geschlossen oder „sprunghaft" assoziativ auf Einzelheiten ihrer familialen Innenperspektive beschränkt?

Neben dem Erinnerungsvorgang der Tochter läuft der der Eltern, beispielweise der des Vaters, der wiederum von der Ich-Erzählerin erinnert wird und deren Erinnerungen dominiert. Charakteristisch für ihn sind Zonen historischer „Erinnerungslosigkeit" (beispielsweise hinsichtlich der „Geschichte mit den Bananen"), die der Vater beim Griff zum „Ziegler" durchaus mit dem Bemühen um „Vollständigkeit" verbindet und gleichzeitig mit einer nostalgischen Verklärung der Vergangenheit (die „bessere" DDR: die bessere Schule, das gemeinsame „Singen", S. 5). Die Erinnerungskultur der Familie ist widersprüchlich: Ein lineares „fortschrittsorientiertes" Geschichtsbild, wie es der Marxismus vermittelt, wird vom Vater als „falsch" abgelehnt, als zielgerichtetes Muster einer „fortschrittlichen" bzw. zielorientierten Lebensgeschichte jedoch beibehalten. Auch der Erinnerungsvorgang der Ich-Erzählerin ist in sich widersprüchlich: Sie unterlegt „diesem Abend" die „Fortschrittsgeschichte" einer Emanzipation, andererseits die „Verfallsgeschichte" der Muscheln und der „bürgerlichen" Kleinfamilie überhaupt, wenn nicht sogar eine „Rückschrittsgeschichte" in archaische Muster (vgl. Medea). Hier eröffnen die Leerstellen des Textes alternative Prognosen für die Zukunft nach „diesem Abend".

Die didaktische Entscheidung, die dieser KV zugrunde liegt, fokussiert also einen individualpsychologischen, aber auch gesellschaftlich relevanten Prozess, der von großer Bedeutung für die heranwachsende Generation ist, die sich – individuell oder kollektiv – im Prozess der „Identitätsfindung" auf dem Weg über die „richtige" Erinnerung befindet.

1 Als Kind hast du dich abweichend verhalten: „immer dreckig", „vollgespuckt", „gebrüllt", „infernalisch", „Satansbraten", „schwarzer Affe" (alles S. 69 ff.). Später habe ich: „gehinkt wie der Teufel leibhaftig", ich bin heute: „uncharmant" „bekomme keinen Mann", „aufsässig". „verstockt", „gefühlskalt", „böse" (S. 81), „böse und rachsüchtig" (S. 83)

2 Erinnerungskultur der Beschönigung, des Aussparens (S. 73): „Meine Eltern haben sich nicht mehr erinnern können." Geschichte mit den Bananen (S. 12) als „politischer Widerstand" deklariert. Autoritäre Instrumentalisierung der „Schwimmbadgeschichte" (S. 66), des „Zieglers" (S. 48), der „Inflationsgeschichte" (S. 46). Vater erzählt „Wichtiges" aus dem Büro, Mutter erzählt dem Vater nichts aus der Schule, da das Büro „mehr wert" (S. 59) sei. Hätten die Kinder die Mutter nicht zufällig selbst in der Schule erlebt, wüssten sie von ihrer Existenz außerhalb der Küche gar nichts.

3 Mögliche Erweiterung auf die Ebene der Ideologiebildung: altes Geschichtsbild: fortschrittsorientiertes Modell des historisch-dialektischen Materialismus; neues Geschichtsbild bzw. „der Ziegler" als „Druckmittel". Durch das neue Geschichtsbild zugleich Minimierung und Verdrängung der Zeit vor der Flucht in den Westen.

4 Genaue chronologische Erinnerung: Fortschritts- und Linearitätsbehauptung: genaue Uhrzeiten: 18:03: Geräusch von den Muscheln, zum ersten Mal aufsässig (S. 74), „jetzt sieben" (S. 18), nach 20:00: Öffnen der Spätlese, „Gipfel" der Blasphemie (S. 102), „ziemlich sicher" ein Autounfall, 21:45: Klingeln des Telefons.

Parallel dazu, keineswegs in chronologischer Reihenfolge: „Stories" der Eltern (Hochzeitsreise, Abtreibung, DDR-Schulsystem, Freizeit vor 1989), von der Tochter selbst Erinnertes (Schläge, Briefmarkensammlung, Konzertbesuche) und Beispiele aus dem „kollektiven" Gedächtnis z. B. der Literatur (*Medea, Effi*) und Geschichte (Inflation, S. 46). Eine Grafik könnte verdeutlichen: Hier wird eine geschlossene „Fortschrittserzählung" bis 21:45 und zugleich „Rückschrittserzählung" vorgelegt, da im Prozess des Vergammelns der Muscheln ein „Verfall" dargestellt wird. Dem überraschenden Ereignis des Ausbleiben des Vaters wird „nachträglich" eine Kontinuitäts- und Sinnbehauptung unterlegt („ein Zeichen [...], kein Zufall", S. 5). Es bereitet der Ich-Erzählerin immer wieder Mühe, Zusammenhänge zwischen den „Geschichten" und Erinnerungen herzustellen, sie bleiben vereinzelt, unüberschaubar, auf die Perspektive der innerfamiliären Sprach- und Erinnerungsmuster beschränkt. Es bleibt bis zuletzt offen, ob die Deutung der Tochter – der Vater habe einen Autounfall gehabt – richtig ist.

5 Kollektive Erinnerungskultur: Brandenburger Tor, Topografie des Terrors, Holocaust-Denkmal etc.

Der Kampf um die richtigen Begriffe

„Spuren" und „Blutspuren": Der Wortschatz der Ich-Erzählerin

Reiner Kunze *Friedenskinder: Sechsjähriger*

Er durchbohrt Spielzeugsoldaten mit Stecknadeln.
Er stößt sie ihnen in den Bauch, bis die Spitze aus dem
    Rücken tritt.
Er stößt sie ihnen in den Rücken, bis die Spitze aus der
    Brust tritt. Sie fallen.
„Und warum gerade diese?"
„Das sind doch die anderen."

Die wunderbaren Jahre. © S. Fischer Verlag GmbH Frankfurt a. M. 1978

Erich Fried
Die Maßnahmen (Spur des Krieges)

Die Faulen werden geschlachtet
Die Welt wird fleißig

Die Hässlichen werden geschlachtet
Die Welt wird schön

5 Die Narren werden geschlachtet
Die Welt wird weise

Die Kranken werden geschlachtet
Die Welt wird gesund

Die Traurigen werden geschlachtet
10 Die Welt wird lustig

Die Alten werden geschlachtet
Die Welt wird jung

Die Feinde werden geschlachtet
Die Welt wird freundlich

15 Die Bösen werden geschlachtet
Die Welt wird gut

Befreiung von der Flucht.
Frankfurt a. M.: Fischer 1984, S. 96

Birgit Vanderbeke *Das Muschelessen*

Meine Großmutter ist eine sehr arme Frau gewesen und mein Vater hat sich immer für seine Mutter schämen müssen. [...] er hat auch nirgendwo mit ihr hingekonnt, man kann sich doch mit dir nirgends sehen lassen, hat mein Vater noch später gesagt, als er schon beinah befördert war, er hat es nicht leicht gehabt mit seiner Mutter, weil es immer so duster und schmuddelig war, wo sie wohnte. [...] es hat wie bei armen Leuten darin gerochen, weil es bei armen Leuten war. [...], er ist später, wenn er im Dorf war, lieber im Dorfgasthaus abgestiegen [...] als bei seiner Mutter zu wohnen [...], die bei uns immer die andere Großmutter hieß, weil sie arm war, während die eigentliche Großmutter nicht arm war, sondern ein Haus hatte. [...] mein Vater hat getan, was er konnte um seine Herkunft nicht merken zu lassen, aber es ist nicht leicht gewesen, denn meine andere Großmutter ist auf ihren glänzenden Sohn sehr stolz gewesen und hat sich an ihn zu klammern versucht, wo sie konnte. Wenn ich sie besucht habe, hat sie geweint und gesagt, wie stolz sie ist, dass mein Vater von unten nach oben gekommen ist. [...] Er hat es nicht leiden können, wenn man sich an ihn klammert. Es ist schwer genug, aus kleinen Verhältnissen heraus und hoch zu kommen, man muss sich aus diesen Verhältnissen lostreten mit Gewalt, man kann seine Herkunft nicht an sich klammern und kleben lassen, es hat meinen Vater geschüttelt, wenn er daran gedacht hat, er hat auch bei seiner Mutter nicht essen können, weil es nicht sauber und appetitlich war. [...]

S. 75 ff.

---

1 Suchen Sie Überschneidungen zwischen den drei Texten und den darin dichterisch widergespiegelten „Sprechweisen" der 70er Jahre.
a Welche vorgegebenen „Spuren" des Sprechens und Denkens dieser Zeit möchten die beiden Autoren und die Autorin verdeutlichen? Suchen Sie weitere Beispiele aus dem *Muschelessen*.
b Welchen Zusammenhang zwischen den hier vorgegebenen „Spuren" des Denkens und der Entstehung von Gewalt stellen die Texte her?

2 Suchen Sie eine Textstelle, an der die Ich-Erzählerin über Gewalt spricht, beispielsweise S. 15 oder S. 83. Auf welche Gewalterfahrungen spielt sie dabei an und wie geht sie damit um?

3 Schreiben Sie das Gedicht von Erich Fried im Sinne Ihrer persönlichen Deutung des *Muschelessens* weiter oder variieren Sie frei die dort vorgegebenen Muster.

Der Kampf um die richtigen Begriffe

„Spuren" und „Blutspuren": Der Wortschatz der Ich-Erzählerin

Das Ziel dieser und der folgenden KV ist die kritische Zerlegung des Wortgebrauchs des Vaters, verstärkt durch den intertextuellen Vergleich und verbunden mit der Erkenntnis, dass die Ich-Erzählerin diesen vom Vater gelegten Spuren folgt und darin gefangen ist. Die Begrifflichkeit von „Spuren" und „Blutspuren" stellt hier jenseits aller literaturwissenschaftlichen Relevanz eine didaktische Vereinfachung des Tatbestandes dar, dass der unbewusste Redefluss der Ich-Erzählerin im Subtext Erkennungsmerkmale einer bestimmten Weltsicht trägt. Die Reflexion über die Sprache bietet eine Möglichkeit die festgefahrenen Denk-und Verhaltensmuster einer – hier männlich – dominierten Weltdeutung durch Auflösung des Textes in einzelne „Spurenelemente" aufzudecken. Diese Elemente fasst die Theorie der Dekonstruktion vor allem mit dem Begriff der „binären Oppositionen", die sich mit unterschiedlichen Differenzen verbinden können. Sie sind Symptom eines vorrangig männlichen Denkens in Eigenbildern und Fremdbildern, das nicht in der Lage ist das jeweils „Andere" zu integrieren, sondern nur herabzusetzen. Diese Binarismen transportieren auch im *Muschelessen* Entgegensetzungen beispielsweise zwischen „Mutter" und „Vater"(S. 28) oder „Tochter" und „Sohn", „drüben" (S. 49) und „hier", „normal" und „nicht normal" etc. Sie sind auch einer politischen Lesart zugänglich, indem sie paradigmatisch auf die dialektischen Entgegensetzungen in der Sprache des Marxismus oder des Kalten Kriegs verweisen. Diese paradigmatischen Relationen sind in den Texten von E. Fried und R. Kunze rekonstruierbar, sie bilden den Kontext für die Sprech- und Denkweise des Vaters im *Muschelessen*.

B. Vanderbeke verbindet mit der Verwendung der sprachlichen Binarismen die Entstehung von Gewalt. Mit Gewalt verbinden sich für die Ich-Erzählerin am eigenen Leib erfahrene (S. 83), zum Teil immer wieder verdrängte (S. 15), auch „blutige" (S. 39, 107) Äußerungsformen eines stereotypen männlichen Ausschließlichkeitsdenkens; aber auch der gewaltsame „Sprung" der Mutter in die Freiheit als kindermordende Medea. Mit dem Insistieren auf dem Begriff „Zufall" (S. 5) verbindet die Erzählerin den Übergang in eine neue chaotisch-verwilderte Phase des Familienlebens, die auch an der Aufhebung eindeutiger begrifflicher Oppositionen durch eigene unsichere Begriffsbildungen wie „Zeichen", „Zufall" oder „Omen" oder „Verschiebung" erkennbar wird.

Mit den Worten E. Frieds könnte das Ergebnis heißen: „Die Väter werden geschlachtet, die Welt wird mütterlich." Aber: Bleibt nicht als Denk- und Verhaltensmuster bis zuletzt das Bedürfnis nach Absonderung des „Anderen" als „Müll" bzw. als Abfall (S. 110) bestehen?

1a Rekonstruktion der Oppositionen gut–böse, schön–hässlich, krank–gesund, alt–jung etc. Die Bedeutung wird hier jeweils durch die Bildung von Gegensätzen hergestellt. Bei E. Fried reduziert sich die Bedeutung aller inhaltlich eigentlich divergierenden begrifflichen Oppositionen auf eine einzige Aussage: Das damit verbundene Ausschließlichkeitsdenken ist tödlich und ideologisch. Dasselbe gilt für R. Kunze, der damit auf das Feindbild der DDR und ihre militante „Friedenserziehung" anspielt um sie zu hinterfragen. B. Vanderbeke nimmt in der vorliegenden Textstelle die Oppositionen: arm–reich, dunkel–hell, schmuddelig–glänzend, unten–oben auf. Binäre Oppositionen durchziehen das gesamte *Muschelessen*. Sie lassen sich auf verschiedenen inhaltlichen Ebenen nachweisen in Bezug auf die Musik, die Geschlechter, das Freizeitverhalten, das Schulsystem etc. Dabei erscheinen sie einerseits als abgrenzende Formulierungsvorgaben des Vaters: die eine/die andere Großmutter, Frau/Mann, Musik/Mathematik. Sie betreffen Urteile des Vaters (Breiten-/Tiefenwissen) und Wahrnehmungsweisen von Wirklichkeit, die von diesen binären Vorgaben des Vaters bestimmt sind (der Vater wird in der Sonne schwarz – die Mutter rot), und Verhaltensweisen, die die einzelnen Personen aus diesen Vorgaben glauben ableiten zu müssen: Vater will ans Meer, Mutter will in die Berge. Vater trinkt Kognac, Mutter trinkt Tee …

b Siehe oben: Gewalt ist interpretierbar als das Evidentwerden der zerstörerischen Wirkungen dieser Binarismen.

2 Die Erzählerin reproduziert – unbewusst – ebenso wie die väterlichen Binarismen auch das Wortfeld Gewalt. Dieses erscheint unvermittelt assoziativ aus dem Unterbewusstsein und legt eine Tradition der Gewalt offen, nach deren Vorgaben auch die Frauen denken und sich verhalten. Gewalt erscheint im Text in folgenden Begriffen: losreißen, zerbrechen, gegen die Wand werfen, Mord, Totschlag, Gewalttaten, Gemetzel, Kriege, Massenmord etc. Hinter jedem dieser Gewaltbegriffe steht eine „Geschichte", hier beispielsweise die Gewaltverbrechen der Nationalsozialisten oder Kriege … etc. Dies alles ist Männergewalt. Sie betrifft auch das Blutig-Schlagen des Sohnes und der Tochter durch den Vater („nasenblutend", S. 39) und die „blutigen Ränder" (S. 108), die das Verhalten des Vaters hinterlassen hat als Spur an den abgekauten Fingernägeln der Tochter. Frauengewalt erscheint als Gegengewalt in der „Abtreibung"(S. 30) und im Gedanken an das „Vergiften der Kinder" (S. 106) und in dem Bedürfnis „mit dem Messer" dazwischenzugehen (S. 15), damit die Muscheln sich schließen.

Die Selbstdefinition erfolgt durch sprachliche Negation (Negation: Erwartetes bewusst unterlaufen) oder negativierende Präfixe. Beispiele dafür sind: weder–kein–ungut–Ungeheuerlichkeit–keinesfalls–nichts mehr gehasst–nicht viel–unruhig–ungehörig–nichts mehr–nichts.

3 Siehe oben: „… die Welt wird mütterlich."

Der Kampf um die richtigen Begriffe

Männliche Rede und weibliches Schreiben

Die Sätze des Vaters   …   in der Sprache der Ich-Erzählerin

„Mein Vater hat gesagt …"

Birgit Vanderbeke

Ihr mit eurer Dämlichkeit …

[…] und dann hat er es uns noch einmal gezeigt, aber es ist uns nicht gelungen, uns in der Unmenge Päckchen zurechtzufinden und noch im Katalog und ich habe zur vollständigen Verärgerung meines Vaters auch noch gesagt, eigentlich sehen sich Briefmarken alle recht ähnlich, findet ihr nicht, weil es eben sehr viele waren, und es ist ein Unterschied, ob man zehn Briefmarken einzusortieren hat oder etliche 5 Jahrgänge vollständig; er ist […] hat er gesagt […] ein leidenschaftlicher Briefmarkensammler gewesen und eine gesamtdeutsche Briefmarkensammlung war immer sein Traum, es hat ihn gekränkt, dass wir ihm diesen Traum sabotiert haben durch unsere Dämlichkeit, dass wir gar keine Gründlichkeit und Geduld haben aufbringen können für seinen gesamtdeutschen Vollständigkeitstraum, der 10 schließlich unsere Zukunftsanlage war, und mein Vater hat seine Feierabende oder die Wochenenden nicht damit verbringen können, für unsere Zukunft gesamtdeutsche Briefmarken in diese Alben hineinzuordnen, das ist unsere Aufgabe gewesen, an die wir schon bei der ersten Briefmarke nicht gründlich und geduldig, sondern tollpatschig und schlampig herangegangen waren, weshalb eine so kost- 15 bare und wertvolle Sammlung wie die uns zugedachte, nicht in die Hände hat gegeben werden können, mein Vater hat diese Dinge für später ruhen lassen, wenn wir verantwortlich mit der Briefmarkensammlung und unserer Zukunft würden umgehen können, und die Folge davon ist nichts anderes gewesen als eine totale vollständige Überfüllung unseres Wohnzimmerschranks mit kleinen Nachnah- 20 mepäckchen, die meine Mutter allmonatlich schimpfend am Postschalter ausgelöst oder einen von uns hat auslösen lassen um sie dann in die Schubladen hineinzustopfen […]

Das Muschelessen, S. 46 f.

1 a Versuchen Sie aus dem Bericht der Ich-Erzählerin die Sätze des Vaters wörtlich zu rekonstruieren.
b Worin liegt das Besondere dieser Sätze und ihrer Botschaften?

2 Wie „spielt" die Ich-Erzählerin mit diesen Sätzen bzw. wie arrangiert und überformt sie die Sprechweise des Vaters? Geben Sie Beispiele und verwenden Sie begriffliche Hilfen aus der Methodenbox.

3 Definieren Sie: Was könnten die Begriffe „weibliches" oder „männliches" Schreiben und Sprechen meinen? Vergleichen Sie Ihre Formulierung mit der Definition von „écriture féminine".

> Übertreibung
> Häufung
> Ironisierung
> Kontrastierung
> Distanzierung
> Fortschreibung
> fortlaufende
> Variierung
> Wiederholung

> **Écriture féminine (Weibliches Schreiben):** […] Die e. f. sucht nach dem ausgeschlossenen […] Weiblichen und versucht es zur Sprache zu bringen. […] Frausein wird dabei als eine sich der männlichen Norm entziehende Diskursformation verstanden, das „parler femme" als Subversion statischer, hierarchischer Strukturen […] Die e. f. muss nicht an Frauen gebunden sein, sie findet sich auch in Texten von Männern […] Es ist eine durchkreuzende Sprache. […] [Beispielsweise] mit satirischen Mitteln wie der unkommentierten Wiedergabe männlich legitimierender Rede werden […] diese als Floskeln erkennbar und so ins Gegenteil gewendet. […]
>
> *Sabine Schrader. In: Metzler Lexikon Gender Studies, a. a. O., S. 77*

4 Untersuchen Sie andere Textstellen auf den Umgang der Ich-Erzählerin mit dem Wortschatz des Vaters, beispielsweise mit den Begriffen „Spätlese", „Gefangenenchor", „deutsch" oder „ochsenblutrot".

5 Sammeln Sie in Ihrer Gruppe männliche und weibliche Reaktionen auf das *Muschelessen*. Gibt es Unterschiede?

Der Kampf um die richtigen Begriffe

Männliche Rede und weibliches Schreiben

Die Sprache der Ich-Erzählerin stellt für viele Schülerinnen und Schüler eine Herausforderung dar. Die Auflösung des Textes in seine syntaktischen Strukturen ermöglicht – außer der Analyse der Strukturen des Wortschatzes im Subtext – einen weiteren Zugang zu den Prinzipien seiner Konstruktion. Hierzu sagt Roland Barthes: „[…] Der Text ist ein Gewebe von Zitaten. Der Schreibende kann nur einen Gestus imitieren, der immer schon überliefert ist. […] Aus eigener Kraft kann er nur Schreibweisen vermischen." Schreiben wird so zum „infiniten Prozess die Wörter durch Wörter zu erklären". Die Schülerinnen und Schüler formulieren so: „Es sprudelt nur so aus ihr heraus." Sie sei „traumatisiert".

In der Schreibweise der Ich-Erzählerin werden die männlichen Sätze als Floskeln erkennbar. „Dabei wird das spezifisch Literarische als Störfaktor der gewohnten Textordnung […] parallelisiert mit dem Weiblichen als Störmoment der männlich-kulturellen Ordnung. […] Literatur erscheint hier als Dokument des herrschenden Geschlechterdiskurses und zugleich als Hinweis auf dessen mögliche Subversion". Die „Opposition zwischen dem autoritativen präsenten Sprechen des Vaters und dem dispersierenden, die Eindeutigkeit auflösendem Schreiben" der Tochter soll hier in kleinen Schritten nachgewiesen werden. Die Aufgabenstellung geht dabei den Weg einfacher sprachlicher Transformationen. Die Begriffsdefinition „weibliches Schreiben" kann hier orientierend wirken.
(Zitate aus: Arbeitsbuch: Literaturwissenschaft. Hrsg. v. Th. Eichler u. V. Wiemann. Paderborn u. a.: Schöningh ³2001, S. 39 ff.)

1 Autoritärer Kommunikationsstil. Sprechakte: **absprechendes Urteil, Vorwürfe**

„Tollpatschigkeit und Schlamperei sind die Feinde des Briefmarkensammelns."

„Ich bin ein leidenschaftlicher Briefmarkensammler gewesen."

„Ihr mit eurer Dämlichkeit habt mir meinen Traum sabotiert."

„Das ist schließlich eure Zukunftsanlage."

„Das ist eure Aufgabe."

„Ich kann euch eine solche wertvolle Sammlung nicht in die Hände geben."

„Ihr könnt mit der Briefmarkensammlung nicht verantwortlich umgehen."

Möglicher Exkurs: Alle Zitate lassen sich auch in politische Kontexte transformieren. Das gilt beispielsweise für die Rechtfertigung: „Das ist schließlich eure Zukunftsanlage.", und den Vorwurf „Ihr könnt [mit den Zukunftsaufgaben unserer Gesellschaft] nicht verantwortlich umgehen." Die Herkunftsgeschichte des Vaters erlaubt es, sich dabei konkret auf die ehemalige DDR zu beziehen, beispielsweise auf politische Führer wie Erich Honecker oder Erich Mielke (vgl. dazu besonders die Deutung von G. Krischker und A. Leonis a. a. O.). Anregung:
– Suchen Sie historische (oder aktuelle) Fotografien und montieren Sie in einer Collage dazu die Sätze des Vaters als Sprechblasen oder Denkblasen.
– Denkbar ist auch eine Collage zu dem politisch deutbaren Bild des „Auf-der-Mauer-Stehens" und „Springens" (S. 66).

2 Einerseits manische Wiederholung väterlicher Redeweise, Akzeptanz der väterlichen Urteile: „es ist uns nicht gelungen", andererseits unfreiwillige Komik und damit Unterwanderung der väterlichen Redeweise durch Kontrastierung (sein Traum – unsere Dämlichkeit), Übertreibung (10 Briefmarken oder etliche Jahrgänge), Häufung (auch als Alliteration: Gründlichkeit, Geduld, gesamtdeutscher Traum), unfreiwillige Ironisierung durch Banalisierung (in die Schubladen hineinstopfen), Häufung von Komposita (Wohnzimmerschrank, Nachnahmepäckchen, Postschalter).

3 Schülerantworten: **weiblich:** unbewusst herausprudelnd, kreisend, paraphrasierend; **männlich:** definitorisch, kategorisch

4 Semasiologisch (die Bedeutungsverschiebung betreffend) interessant: „Spätlese": Verschiebung der Bedeutung

hin auf den „späten" Zeitpunkt einer Abrechnung mit dem Vater. „Gefangenenchor": Verschiebung der Bedeutung von einer Bildungsvokabel zu einer Bezeichnung für die eigene unfreie Situation. „Ochsenblutrot": Negative Verschiebung der ästhetischen Bedeutung durch Kontextuierung mit den roten „blutigen" Rändern der Fingernägel. „Deutsch" wird verfremdet als „neudeutsch" „altdeutsch" „altneudeutsch" „gesamtdeutsch". Anders verfährt die onomasiologische (die Bezeichnung betreffende) Sprachkritik der Mutter und Tochter, die neue Bezeichnungen suchen um die Wahrheit auszudrücken: „das ist Tyrannei", das ist „Geschrammel", das ist „klebriges Zeug".

5 Die Frage, ob Männer/Frauen auch anders lesen, kann eine erste Abschlussbesprechung einleiten. (Vgl. auch: Ruth Klüger: Frauen lesen anders. München: dtv 1996.)

Der Kampf um die richtigen Begriffe

Die Muschel als Symbol

Bildzeichen, Assoziationen und Bedeutungen →

… für Vater, Mutter und Tochter:

Assoziationen des **Vaters** und der **Mutter** _____

_____

… der **Tochter** _____

_____

_____

… zu Beginn des Abends:

_____

_____

_____

… am Ende des Abends:

_____

_____

_____

Bildzeichen
Gestalt →

akg-images

1 Die Abbildung zeigt einen Ausschnitt aus Sandro Botticellis *Geburt der Venus* bzw. Aphrodite als Göttin der Schönheit (Tempera auf Leinwand, um 1482, vgl. KV 22) und ist Ausdruck einer langen europäischen Bild- und Bedeutungstradition. Fassen Sie die Bedeutung, die der Muschel als „Bildzeichen" hier zugeordnet wird, in eigene Worte.

2 Wie geht diese Bildtradition der Muschel in die Vorstellungswelt der Familie des *Muschelessens* ein?
a Tragen Sie Texthinweise auf die Bedeutung von Muschel(n) und Muschelessen für Vater, Mutter und Ich-Erzählerin in das obige Schema ein.
b Wie werden die Muscheln in ihrer äußeren Gestalt im Verlauf des Abends beschrieben?

3 Versuchen Sie zusammenzufassen: Wie geht die Ich-Erzählerin mit der „symbolischen" Ordnung – hier mit der Bild- und Bedeutungstradition der „Muscheln" und des Muschelessens – um?

4 Informieren Sie sich: Was sind aphrodisierende Lebensmittel?
Sammeln Sie Rezepte und stellen Sie einen Speiseplan für ein Abendessen zusammen.

5 Wann wird es in dieser Familie ein solches Abendessen geben?

Der Kampf um die richtigen Begriffe

Die Muschel als Symbol

Die mit dieser KV abschließende Textanalyse erfolgt auch im Hinblick auf die titelgebenden Chiffren der Muschel und des Muschelessens unter einer Fragestellung aus dem Arbeitsbereich Reflexion über Sprache. Das Verhältnis von Sprache, Denken und Wirklichkeit gehört zu den Grundfragen der Philosophie und Semiotik. Die vorliegende KV beschränkt sich aus didaktischen Gründen auf die grundsätzliche Unterscheidung von Zeichenstruktur und Zeichenbedeutung (Signifikant – Signifikat) und die Demonstration der sprachlichen Operationen, die innerhalb des *Muschelessens* eine ganz neue Sicht auf die Muscheln und damit deren Neubewertung einleiten. Der traditionelle Symbolwert der Muschel wird „überholt" und unterliegt im Verlauf des Abends einer Verschiebung, wenn nicht sogar Verkehrung und damit – für die Leserinnen und Leser – auch einer Verrätselung. Die KV knüpft methodisch an die Grundtatbestände der Zeichentheorie an: Sie „definiert" Muscheln zunächst als visuelles Zeichen mit einem in der europäischen Bildtradition durchaus „verfestigten" Signifikat, dem nackten weiblichen Körper. Dieses Konnotat wird auch im *Muschelessen* zunächst als selbstverständlich und „normal" vorausgesetzt, denn die Muscheln werden auch bei B. Vanderbeke in dieser Konnotierung, nämlich als „etwas Frivoles" und „Anzügliches", sozusagen als „Sexual-Symbol", eingeführt (Rolf Michaelis, vgl. KV 21). Die Autorin unterwirft dieses Konnotat im Verlauf des Abends einem Wandel und unterläuft dabei eine auf die männliche Wahrnehmung zentrierte Monosemierung. Verursacht wird dieser Bedeutungswandel durch eine kleine zeitliche Verschiebung und eine neue, nämlich „körperliche" Wahrnehmung der auf ihren hässlichen Körper zurückgeworfenen Tochter. Verursacht durch „das Geräusch" der Muscheln kommt etwas Neues zum Vorschein: der Widerstand des weiblichen Körpers, dem sich die „Haare sträuben" (S. 13). Abwehr und Abscheugesten gegenüber dem „Unanständigen" und „Ekelhaften" steigern sich zur „Ekelwut" (S. 16) gegen die Mutter, die bereit ist dies alles „mitzumachen". Am Ende hat sich der Ekel auf die Mutter übertragen, auch sie entwickelt „Abscheu". Es entsteht eine neue Bedeutung: „Muscheln" sind gleichbedeutend mit „Müll". Sie werden als Abfall abgesondert wie zuvor all das, was dem Vater zuwider war (S. 63). Das väterliche Kategoriensystem ist außer Kraft gesetzt.
Ob darin eine Befreiung von einem männlich dominierten (Sexual-)Ritual (nur der Vater „machte sich etwas daraus") oder das Scheitern eines Versuchs liegt das Kreatürliche und Natürliche – die zwischenmenschliche Sinnlichkeit – für das Zusammenleben der Geschlechter zu retten, muss offen bleiben. In dieser Familie wird es kein Muschelessen mehr geben.

1 Grundlage: Mythos der Geburt der Venus aus dem Meeresschaum. Für die Schülerinnen und Schüler erkennbar: Zuordnung von Konnotationen wie: weibliche Schönheit, Natürlichkeit, Anmut, Liebreiz, Nacktheit. Dargestellt ist eine Jakobsmuschel, im *Muschelessen* allerdings Miesmuscheln mit „geöffneten Schalen" (vgl S. 16), was allerdings die obige Konnotation eher noch verstärkt.

3 In der Pflege der Tradition des Muschelessens übernimmt die Mutter das vom Vater verordnete Bild der schönen und verführerischen Frau und bestätigt es mit der Unterordnung unter die Wünsche ihres Mannes.
Die Tochter entspricht diesem Bild nicht. Sie entwickelt ein nicht visuell gesteuertes, sondern vom „Japsen" und „Klappergeräusch" akustisch ausgelöstes Abwehr- und Aggressionsverhalten: Sie spürt den Anreiz, in die geöffneten Schalen „mit dem Messer" (S. 16) dazwischenzugehen, damit sie wieder „ zugehen". Der Ekel entwertet das Symbol zu „Müll". (Zu weiteren Verschiebungen des Symbolgehalts der Muschel vgl. KV 22.)

4 Muscheln, Austern, Ingwer, Schokolade, Erdbeeren, Artischocken. Diese kleine Zusammenstellung soll die ironische Distanz und den spielerischen Umgang der Schülerinnen und Schüler mit dem Thema verstärken, andererseits die Einsicht, dass Triebunterdrückung und Triebabwehr in der Konsequenz der hier dargestellten Familienverhältnisse liegen.

2
Assoziationen des Vaters und der Mutter (S. 6, 8):
schöne Erinnerung, etwas Frivoles, Anzüglichkeit, Schäkern, Hochzeitsreise, Vaters Lieblingsspeise
Aber: Sie „macht sich nicht viel draus".
Ritual nur wegen des Vaters, damit auch Gesetz des „Schönseins" übernommen
… der **Tochter**:
ursprünglich identisch mit dem der Mutter (S. 8), dann (S. 13 f.): „unanständig", „Haare aufgestellt", „ekelhaft" „Ekelwut" über „Ergebenheit" (S. 29) auch „Todesstimmung" (S. 15)

… **zu Beginn des Abends** bezeichnet nach der Gestalt: „Miesmuscheln" (S. 8); ursprünglich wahrgenommen als „halb geöffnet" (S. 15), dann „sperrangelweit offen" (S. 41), „das Gelbe".
… **am Ende des Abends**: Wahrnehmung als „Schalenklappergeräusch" (S. 14 ff.), „japsend" (S. 22), „verdorben", Schalen", „Müll" (S. 109 f.)

Das Ende der Geschichte: Produktive Interpretation

Martin Walser

Leser und Schreiber wünschen sich ein besseres Ende jeder Geschichte …

[…] weil das Geschriebene unfertig ist und von jedem Leser erst zum Leben erweckt und dadurch vollendet werden muss. […] Wer glaubt, nichts mehr zu fürchten und nichts mehr zu wünschen zu haben, kann ganz sicher keinen Kafka
5 mehr lesen. Wer zum Beispiel glaubt, er sei an der Macht, er sei oben, er sei erstklassig, er sei gelungen, […] er sei vorbildlich, wer also zufrieden mit sich ist, der hat aufgehört ein Leser zu sein. […] Wer aber viel zu wünschen und noch mehr zu fürchten hat, der liest. Lesen hat also keinen ande-
10 ren Anlass als Schreiben. Auch das Schreiben findet statt, weil einer etwas zu wünschen oder zu fürchten hat. Lesen und Schreiben wären also eng verwandt? Es sind zwei Wörter für eine Tätigkeit. […] Also, weil einem etwas fehlt, schreibt er, und weil ihm etwas fehlt, liest er? […]
15 Die Wirklichkeit macht meistens nicht mit. […] In der Fiktion bestreiten wir der Wirklichkeit ihr Recht in unsere Erwartungen hineinzupfuschen. Man muss es hundertmal sagen, dass das Schreiben nicht darstellen ist, nicht wieder-
geben ist, sondern Fiktion also. […] Antwort auf Vorhandenes, Passiertes, Wirkliches, aber nicht Wiedergabe von etwas 20 Passiertem.
Deshalb ist Lesen auch nicht Zurkenntnisnehmen, sondern Entgegnung. Der Leser antwortet. Er antwortet mit seinem eigenen Wünschen und Fürchten. Er antwortet auf die Fiktion des Schreibens mit seiner Fiktion. Der Leser potenziert 25 also die Fiktion. Erst in ihm entfaltet also die Fiktion ihre Protestkraft, Kritikkraft, Wunschkraft. […] Auch ein Buch, das kein Happyend hat, zeigt durch seine Stimmung, dass es lieber gut ausginge. […]
Das ist das Geheimnis, Leser und Schreiber wünschen sich 30 ein besseres Ende jeder Geschichte, d. h. sie wünschen, die Geschichte verliefe überhaupt besser. […] Leser und Schreiber sind also uneinverstandene Leute. Leute, die sich nicht abgefunden haben. Noch nicht […]

Über den Leser – So viel man in einem Festzelt sagen soll. In: literatur
konkret. 2. Jg. Heft 3. Hamburg: Neuer Konkret Verlag 1978, S. 59

1 Formulieren Sie mit eigenen Worten die Erwartungen M. Walsers an das Schreiben und Lesen von Literatur.

2 Übertragen Sie M. Walsers Gedanken auf Ihre Lektüre des *Muschelessens*:
a In welcher „Stimmung" befindet sich die Mutter am Ende der Geschichte?
Beantworten Sie diese Frage, indem Sie einen Tagebucheintrag der Mutter am Ende „dieses Abends" formulieren.
b Welches bessere Ende dieser Familien-Geschichte könnten Sie sich nach Beendigung Ihrer Lektüre des *Muschelessens* vorstellen?
Führen Sie in beliebiger Reihenfolge/nach Gruppen getrennt die folgenden fiktiven Experimente durch:
– Stellen Sie szenisch Ihre Version der „glücklichen" Rückkehr des Vaters in den Kreis der Familie dar.
– Entwerfen Sie dazu eine kurze Figurenrede eines der Kinder bei der Rückkehr des Vaters:
  „Vater, ich wollte dir schon immer mal sagen, dass …"
– Schreiben Sie die Erzählung fort, indem Sie eine „glückliche" Zukunft für Mutter und Kinder – ohne den Vater – entwerfen.
  (Achtung: Müssen Sie die Darstellungsweise ändern?)
– Was muss die Familie noch lernen? Gestalten Sie eine der Kommunikationssituationen, die in der Erzählung angesprochen werden, nach Ihren (Ideal-)Vorstellungen um (z. B. im Auto, vor dem Fernseher, im Schwimmbad, bei den Schulaufgaben, beim Essen). Spielen Sie solche Szenen nach und sprechen Sie darüber.
– Über zehn Jahre sind seit diesem Abend vergangen. Die Tochter spricht im Freundeskreis noch einmal darüber. Wie wird sich ihre Darstellung verändert haben?

3 Wir haben die Lesebiografie der Mutter kennen gelernt.
– Welche „Bücher" (S. 39) könnte die Tochter gelesen haben? Welche hätten Sie ihr in ihrer Situation als Freundin vielleicht empfehlen können?
– Stellen Sie Ihre eigene Lesebiografie vor. Welche Bücher haben bisher „Protestkraft, Kritikkraft" oder „Wunschkraft" (M. Walser) in Ihnen „entfaltet"?

Das Ende der Geschichte: Produktive Interpretation

In einem modernen Konzept des integrierten Deutschunterrichts werden sprachliches und literarisches Lernen aufeinander bezogen. Die Behandlung moderner Literatur ist nicht von der Aktivierung der Sprachkompetenz der Schülerinnen und Schüler – auch auf der Ebene eigener literarischer Kreativität – zu lösen. In diesem Sinne erweitert diese KV den „richtigen" Gebrauch von Literatur um einen „produktiven" Teil. Ansatzpunkt ist die Position M. Walsers, der ein positiv gewertetes Weiterdenken und Weiterfantasieren, ein „Wünschen und Fürchten", als zentralen Impuls für das Lesen und das Schreiben nennt.

Dies kann im Hinblick auf *Das Muschelessen* einerseits an dem Gebrauch von Literatur verdeutlicht werden, den die beiden Personen der Erzählung machen: Die Mutter hat etwas zu wünschen, dafür „braucht" sie Literatur, die Tochter etwas zu fürchten, dazu „braucht" sie ihre heimlich entliehene Stadtbücherei-Lektüre.

Die Fokussierung M. Walsers auf ein „besseres Ende" der Geschichte als Impuls für Schreiben und Lesen eröffnet Möglichkeiten die Kreativitätspotenziale der Schülerinnen und Schüler zu nutzen und ihre Wunschpotenziale – oder Angstpotenziale – zu aktualisieren. Sie sollen ihr persönliches Erlebnismaterial aktivieren um Grenzen und Möglichkeiten einer alternativen Gestaltung familiären Zusammenlebens zu projektieren, und ihre eigenen Erfahrungen umsetzen. Dabei müssen sie – textexegetisch – die Verstehens- und Deutungsspielräume der Erzählung ausloten um sie im Sinne eines alternativen Denkens und Verhaltens aktualisieren zu können.

1 Den Schreibübungen liegt folgende These M. Walsers zugrunde: „Lesen ist nicht Zurkenntnisnehmen, sondern Entgegnung. Der Leser antwortet."

2 b Zunächst: Empathie-Übung: sensibilisiert wie schon in KV 8 und 9 für die Schwierigkeiten des Emanzipationsprozesses.

– Szenisch gestische Umsetzung: Als Vorbereitung erfolgt die Übernahme einer Rolle (evtl. mit Rollenkarten für die einzelnen Charaktere), die Imagination einer Situation für den Moment der Rückkehr (Zeit, Tageszeit etc.), das Überdenken dessen, was als „glücklich" bezeichnet werden könnte (gesunde Rückkehr, Rückkehr unter veränderten Bedingungen etc.). „Glücklich" im Sinne von mehr „Verwildern", weniger Kontrolle? Problem: Wiederaufnahme der innerfamiliären verinnerlichten Rituale durch die Mutter – auch ohne den Vater – oder „Neubeginn"?

– Die Familie hätte konfliktfähiger agieren müssen. Was kann das heißen? (vgl. Praxis Deutsch 174, 2002, S. 42 ff.)

Eine echte Auseinandersetzung hat nie stattgefunden: Vater respektiert nicht, schimpft, schlägt, Familienmitglieder „petzen" (S. 30), isolieren sich, Mutter fordert immer wieder „umstellen und einstellen", die Kinder verheimlichen etwas oder entziehen sich als „Spinner" oder gehen manipulativ mit der Situation um. Die Tochter beispielsweise umgeht die Vorschriften, ohne dass der Vater es merkt. So wie B. Vanderbeke die Familie darstellt, hat diese aus sich heraus keine Potenziale für einen Neuanfang, außer: Rebellion (Tochter und Mutter), Spinnerei (Sohn) und Manipulation (Tochter). Demgegenüber sollten die Schülerinnen und Schüler Alternativen finden, wie z. B. Solidarisierung, Konfliktverhalten ändern.

Was muss die Familie im Hinblick auf ihr Konfliktverhalten lernen?: Offen sagen, was sie wollen, zusammenhalten, sich verstärken, einschreiten bei Gewalt, Gefühle und Ängste äußern, Hilfe von außen suchen. Hier können Dialoge geschrieben und/oder vorgetragen werden.

Lektürehinweis: Gabriele Wohmann: Ein netter Kerl. Aus: Habgier. Erzählungen, Reinbek: Rowohlt Verlag 1978, S. 68–70 als Beispiel für die Rückgewinnung von Freiheit innerhalb einer misslungenen komplementären Kommunikation in der Familie.

Abstand von zehn Jahren: Veränderung der Erzählperspektive: Mehr Distanz: Auktorialer Erzähler/weniger obsessive Fixierung auf den Vater oder auf den von den Muscheln ausgehenden Ekel.

3 „Weil einem etwas fehlt, […] liest er." (vgl. M. Walser): Immanente Wiederholung der Interpretationsergebnisse: Sehnsucht der Tochter nach einer ihr gemäßen, sie zufrieden stellenden Rolle in „ihrer Haut", in ihrer Familie, im Umkreis ihrer Familie führt entweder dazu, diese Realität zu überspringen (Fantasy,) oder zu verstärken (Horrorliteratur) oder zu beschönigen (Trivialliteratur) etc.

Die Aufgabenstellung dient in beiden Teilen zur Reaktivierung der eigenen Leseerfahrungen der Schülerinnen und Schüler.

Zusatzmaterialien

Rolf Michaelis

Altneudeutsche Wörtersuppe

Wenn im ersten (über sieben Zeilen ausgespannten) Satz die Stab-
reim-Wörter „Zeichen"/„Zufall" und der Nebensatz „wie wir
hinterher manchmal gesagt haben" gleich zweimal erscheinen, ist
klar, dass nicht psychologisch einfühlend, schon gar nicht realis-
5 tisch erzählt wird.

Bei ihrem Debüt schielt die 1956 in Dahme (damals DDR) gebore-
ne Erzählerin, die Jura und Romanistik studiert hat und seit 1963
in Frankfurt am Main lebt, nach dem seine Sprach-Mühle bis in
den Wahnsinn höherer Erkenntnis treibenden Thomas Bernhard.
10 Birgit Vanderbekes immer wieder verrührte Silben, Wörter, Halb-
sätze bekommen nie Flügel. Ihre Wortwiederholungen, ihre
Sprach-Litaneien schenken keine Einsicht in die Gestalten – schon
gar nicht, wie bei Bernhard, in den lesenden Mitarbeiter selber.
Hier verdicken sich immer wieder nachgestopfte Wörter zu einem
15 Sprach-Eintopf. Das 110-Seiten-Werk eines Erzähl-Debüts ent-
sinkt den Händen, als hätte man einen 1 000-Seiten-Roman durch-
geackert.

Was bei Thomas Bernhard im 1986 in Salzburg uraufgeführten
Sprechstück *Ritter, Dene, Voss* die „Brandteigkrapfen", sind bei Bir-
20 git Vanderbeke die Muscheln: Leib- und Magen-Speise, mit der In-
sassen des Familien-Gefängnisses ihre Mithäftlinge foltern. Bei
Bernhard spuckt Ludwig die ihm aufgenötigte Leckerei wieder aus.
Bei Vanderbeke landen die Muscheln im Müll.

Bernhard konnte gar nicht anders, als seine Personen – in Dramen,
25 Romanen, Erzählungen, ja noch in Skizzen – ihre Daseinswut, ihren Lebensekel in rauschhaften Tiraden aussingen zu lassen. Birgit
Vanderbeke könnte ihre Abrechnung mit dem Vater (dem Mann?)
auch ganz anders erzählen. Die Erschöpfung des Lesers rührt daher, dass er nach etwa zweieinhalb Seiten alles weiß, aber die Wort-
30 Schaum-Schlägerei der gebildeten, sprachlich versierten Autorin
noch gute 100 Seiten erleiden muss.

Bei Bernhard weiß der Leser nie, wer wirklich verrückt ist: der Autor, der Ich-Erzähler – der Leser selber? Im wilden Kreiseln der ver-
schlungenen Sätze gelingt es Thomas Bernhard, eine neue, eine an-
35 dere Welt zu erschaffen, die ein Spiegel unseres im Wahn befange-
nen Daseins, des unter Lügen erstickten Lebens ist. Bei Vanderbeke merkt der Leser rasch: Hier wird ein Erzähl-Stil der hinterein-
ander gereihten Sätze, der Wort-Wiederholungen, der paratakti-
schen Parade-Kolonnen einem Thema übergestülpt, das der Leser
40 aus der „Betroffenheits"-Literatur, der autobiografischen Weiner-
lichkeit, der Familien-Beichte und späten Väter-Rache kennt.

Bei Bernhard geraten alle Personen in den Sog des Bösen, in den
Taumel eines gnadenlosen Untergangs. Bei Vanderbeke hält eine
Familie von eigentlich netten, harmoniesüchtigen Menschen
45 (Ehefrau/Mutter, Tochter, Sohn) Gericht über den zufällig abwesenden Mann/Vater, der gerade wegen seiner bis ins Sportlich-
Nebensächliche ausstrahlenden Tüchtigkeit zum gehassten Fami-
lien-Tyrannen wird. Brav dreht die Autorin die Klischee-Mühle
vom bösen, schwarzen Mann und Vater, von der tapfer strahlenden
50 Mutter und den lieben Kindern, die aufsässig nur werden, weil sie
sich der Übermacht des Patriarchen erwehren müssen. Bei so sche-
matischen Vorgaben sind alle Ereignisse vorherzusehen: Die Erzählung verödet.

So wird der Vater weniger zum allwissenden Gott stilisiert als zum
55 familiären Geheimdienst-Chef, der totale Information, also Kontrolle hat: „Jeder hat gedacht, er weiß alles und hört alles und sieht
alles." Dass der Vater/Mann keineswegs auch alles *kann*, dass er zu

blöd ist zum Schmuggeln von Bananen durch die Grenzkontrollen
der DDR, dass er beim Spekulieren mit japanischen Aktien „unser 60
gesamtes Geld mehrfach […] verloren hat" (bei einem Angestellten ohne Finanz-Reserven wenig glaubhaft) – dies macht ihn nun
nicht etwa ein bisschen menschlich, sondern vollends zur Fratze.
Natürlich „hat er auch alle niedrige Arbeit verabscheut und tief ver-
achtet". Weshalb stellt er sich dann aber hin und putzt mit der sonst 65
auf den Status einer Putzfrau reduzierten Ehefrau „eine gute Stunde lang" Muscheln über der Badewanne?

Nicht eben originell setzt Birgit Vanderbeke die Muschel als Sexual-Symbol in ihre Erzählung. Da „schallt eine gute Stunde lang das
Lachen von meinem Vater und ein Quietschen von meiner Mutter 70
aus dem Badezimmer", aus dem sie beide mit hochroten Händen
herauskommen. Dann sei ihnen „etwas schamig zumute gewesen".
Eine Erzählerin ließe es bei solchen Andeutungen bewenden. Die
Literaturwissenschaftlerin, die hier erzählt, vertraut nicht ihrer
Kraft zur Erfindung, sondern schiebt den Kommentar nach, der 75
das Werk beschwert: Ein Onkel, „zu dem sie ihre verspätete Hochzeitsreise gemacht hatten, hatte ein Muschelessen für sie gekocht
[…] und dann haben sie daran auch eine gewisse Anzüglichkeit
entdeckt, etwas Frivoles, und immer geschäkert, wenn es Muscheln
gab". 80

Die Muscheln und das gescheiterte Muschelessen, das der Titel be-
schwört: Wären sie nicht Thema und Symbol genug für eine kleine
Erzählung? Birgit Vanderbeke schwemmt die Geschichte auf – und
zerstört so die zentrale Metapher. Umständlich wird der „Wohnzimmerschrank" in seinem „neudeutschen Altdeutsch" als weite- 85
res Ding-Symbol ins Blickfeld gerückt, auch die „Briefmarkensammlung", die natürlich so „vollständig" sein muss wie der
Spiegel oder „der Ziegler, ein zwanzigbändiges Geschichtslexikon".
Zwischen der Ich-Erzählerin („Ich bin logisch und denke") und
dem Vater, der „logisch abstrakt" war, hätte es keine Beziehung ge- 90
ben können? In diesem denunziatorischen Buch verrät die Erzählerin auch ihr anderes, das erzählende Ich, die skeptische, rational
argumentierende Frau. Als am Vater gemäkelt wird und das Wort
für Gotteslästerung, „Blasphemie", herhalten muss, „wundert sich
das kluge Vaterkind, dass nicht sofort ein Blitz aus dem Himmel ge- 95
kommen ist und mich erschlagen hat".

Nach psychologischer oder erzählerisch-realistischer Glaubwür-
digkeit zu fahnden verbietet sich indes bei einem Text, der sich als –
bemühte – Stilübung versteht und darbietet. So schwinden die
Chancen, die Erzählung auch als Geschichte eines – deutschen – 100
Aufstandes gegen Unterdrückung zu verstehen, wenn – weniger
sprachverliebt als wortschäkernd – ein „altneuhochdeutscher
Wohnzimmerschrank" erfunden oder berichtet wird: „Wochen-
lang sind wir am Wochenende mucksmäuschenstill gewesen";
wenn (bewusst „falsch" formulierend) gesagt wird: „Ich habe den 105
ganzen Tag Stunden gegeben"; wenn dem Kalauer nicht ausgewi-
chen wird, die Mutter sei gefragt worden, „ob sie den Martini trocken will, und sie hat gesagt, ich kenne Martini eigentlich eher
nass" oder die Banalität gewagt wird: „Eine Nierenbeckenentzün-
dung ist aber kein Abonnementkonzert." 110

Richard Wagner (Hrsg.): „Ich hatte ein bisschen Kraft drüber."
Zum Werk von Birgit Vanderbeke.
Frankfurt a. M.: Fischer 2001 (TB 14937), S. 207 ff.

Zusatzmaterialien

Die Muschel als Symbol

Hans Biedermann

Muscheln werden volkstümlich oft nicht von Schnecken-
häusern unterschieden; so wird oft von der Kaurimuschel
gesprochen, obwohl es sich um das (als Zahlungsmittel ver-
wendete) Gehäuse der Kaurischnecke handelt. Symbol-
5 kundlich steht bei der Muschel die Ideenverbindung zu Ge-
burtsorganen und der Vulva im Vordergrund (lat. „concha"
bedeutet beides); freilich waren in der Antike einzelne Mu-
schelarten wohl bekannt (Ostrea: Auster; Pecten: Pilgermu-
schel; Teredo: Pfahlbohrmuschel u. a.). Muscheln waren
10 nach dem Ende der Eiszeit ein Hauptnahrungsmittel von
Küstenbewohnern, wie mehrere Meter hohe Muschelabfall-
haufen (dänisch „Kjökkenmöddinger", spanisch „conche-
ros") aus dieser Epoche beweisen. In der altindischen Bil-
derwelt trägt Gott Vishnu eine Muschel, Symbol des Ozeans
15 wie auch des ersten Lebenshauches und Urlautes. Die Geburt der Venus (Aphrodite) aus dem Meeresschaum wird
bereits in pompejanischen Fresken, später von Botticelli in
der Form dargestellt, dass die Göttin auf der Muschelschale
steht, ebenso bei Tizian. Die Muschel als Wasserwesen ver-
20 bindet die Sexualsymbolik mit dem Begriff von Zeugung
und Fruchtbarkeit, was sie zum Attribut der Liebesgöttin
macht. Die christliche Symbolik wollte davon nichts wissen,
sondern betrachtete die Muschelschale als Bild des Grabes,
das den Menschen nach dem Tod umschließt, ehe er aufer-
25 stehen darf. Die Vorstellung der Befruchtung der als zweige-
schlechtlich angesehenen Muscheln durch den Tau vom
Himmel machte sie auch zum Mariensymbol. Die Pilger-
muschel (Pecten pilgrimea) war das Abzeichen von Wallfah-
rern und Attribut von Heiligen wie Jakobus d. Ä., span. „San-
30 tiago", zu dessen Heiligtum in Santiago de Compostela viele
Pilger zogen; ebenso von St. Sebaldus, Rochus, Koloman,
aber auch des Erzengels Raphael als Begleiter des Tobias. Das
mittelalterliche Tierbuch (Bestiarium) erwähnt, dass „die
Natur nach göttlichem Gebot die Weichheit des Muschel-
35 fleisches mit festen Mauern gesichert hat, sodass es im In-
nern der Schalen wie in einem Schoß geborgen ist". Krebse,
Symbole von verführerischen und ruchlosen Menschen,
überwinden jedoch den Schutzwall, indem sie Steinchen
zwischen die Schalen klemmen und die Muscheln auffres-
40 sen.

Knaurs Lexikon der Symbole. © Droemer'sche Verlagsanstalt
Th. Knaur Nachf. GmbH & Co. KG, München

Anfang 15. Jahrhundert

Aus einem *Wunderbuch* (Anfang des 15. Jh.s)

Ende 15. Jahrhundert

akg-images

Sandro Botticelli: Die Geburt der Venus (um 1482)

Anfang 18. Jahrhundert

J. Boschius: Muschel in Vermählung von Meer
und Himmel (1702)

Zusatzmaterialien

Wolfgang Thierse

„Sprich, damit ich dich sehe"

„Sprich, damit ich dich sehe." Diese Gedichtzeile gibt ein Existenzmotiv meiner, vieler Leute DDR-Existenz an, nämlich: Erkennbarkeit durch Sprache. Zu den Tugenden der Notgemeinschaft, die die DDR auch war, meine ich, unser
5 besonderes Verhältnis zur Sprache zählen zu sollen.
Man erkennt doch, so sagen viele, die Ossis an ihrer Sprache (womit nicht der Dialekt gemeint ist, sondern Stil und Wortwahl). Also spricht oder sprach man dort doch ein anderes Deutsch. Meine Antwort ist: ein anderes Deutsch ja,
10 aber nicht eine andere Sprache. Dies festzustellen ist keine philologische oder politische Spitzfindigkeit, sondern der Hinweis auf einen oft fehlgedeuteten, also aufklärungsbedürftigen Umstand der deutschen Nachkriegsgeschichte.
Am auffälligsten sind zunächst die Neuwörter, die – oft mit
15 bombastisch klingenden Attributhäufungen – vorher nicht vorhandene gesellschaftliche Institutionen, Symbole und Wertvorstellungen bezeichneten. Auffällig sind auch Bezeichnungen für einige Dinge des Alltags, die aus nicht recht einsehbaren Gründen anders heißen als im übrigen deut-
20 schen Sprachraum: Vergaserkraftstoff für Benzin, Haftschale für Kontaktlinse, Goldbroiler für Brathähnchen. Das Russische hat, anders als man in Analogie zum Einfluss des Amerikanischen im Westen vielleicht vermuten könnte, auf die Bildung von Neuwörtern eine relativ geringe Auswir-
25 kung gezeigt. Direkte Entlehnungen sind ganz selten (Datsche, Apparatschnik), häufiger sind Fremdwortimporte aus anderen Sprachen via Moskau, das heißt quasi Internationalismen in russifizierter Form (Exponat, Dispatcher, Kombine, Meeting) oder die Übernahme russischer Bildungs-
30 muster oder Wendungen (Haus der Kultur, Banner der Arbeit, mit an der Spitze).
Es sind wohl drei Ingredienzien, die den Stil öffentlich verlautbarter Texte in der DDR charakterisieren und diese Texte leicht erkennbar machen. Signalwert in diesem Sinne
35 hat zunächst ein bestimmtes Repertoire an erstarrten Metaphern. Ein Teil stammt aus dem Repertoire der sozialkritischen Schriften des 19. Jahrhunderts und ihrer Auslegung im 20. Jahrhundert (Schmähwörter wie Lakai, Steigbügelhalter, Speichellecker, Büttel, Wallstreethyäne, Bankenhai).
40 Ein anderer Teil, das ideologische Kontrastprogramm anzeigend, stammt aus dem Poesiealbum der sozialistischen Idylle (der sozialistische Völkerfrühling, die Einheit der Arbeiterklasse). Es ist nicht unbedingt die Qualität der Metaphern an sich, die den Eindruck von knirschendem Kämpfertum
45 oder kitschiger Gefühligkeit erweckt und so die Ausdrücke ridikülisiert, sondern es ist die reglementierte Schablonenhaftigkeit ihrer Wiederholung, die Überdruss erzeigt und damit diesen Sprachgebrauch suspekt macht.

Wie durchgehend durch Sprache belehrt werden sollte, zeigt
50 sich gerade auch im Wandel von Bezeichnungen. Paris war, ist und bleibt Paris, aber kaum eine Stadt hat so viel programmatische Kostümproben ihres Namens erlebt wie (Ost-)Berlin (Sowjetischer Sektor, Demokratischer Sektor von Groß-Berlin, Hauptstadt der DDR). Mit den Aspekten Neuwörter, Abkürzungen und Stilistik habe ich bereits auf
55 den wichtigsten Unterschied zwischen Deutsch und DDR-Deutsch vorbereitet, den anderen Sprachgebrauch, d. h. die durch Stil, Wortwahl, Frequenz sichtbar werdenden Ausdrucksfestlegungen und den daraus zu erklärenden kulturellen Tatbestand: Die DDR-Deutschen haben ein anderes
60 Verhältnis zur Sprache ausgebildet, eher zwangsläufig als freiwillig, aber nichtsdestoweniger faktisch. Sie haben sich lange Zeit eine (im Westen längst verlorene, im Osten nun rapide schwindende) Wertschätzung für die gedruckte Literatur bewahrt und sie haben für das gesprochene Wort eine
65 besondere Sensibilität ausgebildet.
Halten wir fest: Sprachlich verankerte Differenzen zwischen Ostdeutschen und Westdeutschen ergeben sich nicht aus unterschiedlichen Sprachkenntnissen, sondern aus unterschiedlichen Kenntnissen über den Gebrauch der Sprache.
70 Hinter jedem Wort stecken Geschichten. Ihnen muss man nachspüren, denn der Wortschatz einer Sprachgemeinschaft ist immer gleichzeitig Museum und Werkstatt ihrer Geschichte mitsamt dem darin enthaltenen Konfliktpotenzial. Was bedingte den andersartigen Sprachgebrauch in der
75 DDR? Als Erstes und Ausschlaggebendes natürlich die von oben nach unten über alle Leitungskanäle verordnete und weitgehend eingehaltene Reglementierung des öffentlichen Sprachgebrauchs. Die hatte natürlich ihre administrativen Vehikel, kurz PA – Presseanweisungen des Ministerrats der
80 DDR an alle Redaktionen. Die Sprachregelung war ein alles überwölbender Geßler-Hut, den nicht nur die Zeitungsredakteure zu grüßen hatten, sondern eigentlich jedermann zu jeder Zeit. Erkennbar war die gewünschte „staatsbürgerliche Einstellung" eines DDR-Bewohners an der Einhaltung
85 dieser Sprachregelung. So absurd sie war, so produktiv war sie auch, denn: Sprachregelung erzeugt Sprachverweigerung. Und diese stellt einen weiteren Aspekt der Erkennbarkeit der DDR-Sprache dar. Die Sprachverweigerung konnte man subtil differenzieren, wer „hier" sagte statt „bei uns in
90 der DDR" signalisierte schon eine deutliche Reserve. Weglassen war schon fast Widerstand. Umschreiben und Umschreiben waren täglich gebrauchte Stilübung.

Vorschläge für Klassenarbeiten und Klausuren

Vorschlag 1: Textanalyse und kritische Stellungnahme

Eike Christian Hirsch

Elternsprache (Deutsch für Besserwisser)

Das Deutsch für Eltern steht in keinem Lehrbuch, es vererbt sich von selbst. Auf seiner harmlosen Stufe klingt es etwa so: „Was soll denn das? Musst du mich eigentlich immer stören? Das will ich jetzt gar nicht wissen. Lass mich in Ruhe. Wie oft
5 soll ich dir das denn noch sagen? Mein liebes Kind! Ich will jetzt nichts mehr hören. Lass das jetzt! Das passt mir nicht. Weil es mir nicht passt. Und damit basta. Das heißt ‚möchte' und nicht ‚will'. Finger weg! Lass die Finger davon, habe ich gesagt. Sag mal, was ist eigentlich los mit dir? Hörst du über-
10 haupt zu, wenn ich mit dir rede? Mach den Mund auf! Antworte mir! Sei nicht so vorlaut! Wenn ich rede, hast du Pause. Still jetzt. Du bist jetzt ruhig. Bist du wohl still? Noch ein Ton und du fliegst raus. Nichts als Ärger hat man mit dir."
Ein Gespräch kann man in der Elternsprache nicht führen.
15 Es ist eine Monologsprache. Das gilt auch von den Ermahnungen. „Wie sieht es überhaupt hier aus? Räum sofort das Zimmer auf. Du tust, was ich dir gesagt habe. Kommst du jetzt her? Komm jetzt her, sage ich. Beeil dich! Ob es dir passt oder nicht, ist mir egal. Ich seh mir das nicht mehr länger mit
20 an. Wird's bald? Dir ist ja alles egal, da kann man reden, was man will. Jetzt lüg nicht auch noch, natürlich hast du das gewusst. Da brauchst du gar nicht so beleidigt zu gucken. [...] Wie redest du eigentlich mit mir? Kümmere dich um deine eigenen Sachen, ja. Hier bestimme immer noch ich. Bei uns
25 herrscht Ordnung. Ich bringe dich schon noch dahin zu gehorchen."
Wir alle wissen aus Erfahrung, dass man so nur zu Kindern spricht – und auch nur zu Kindern, die man schon störrisch gemacht hat. „Das will ich jetzt nicht gehört haben. Fang

nicht schon wieder an. Was ist denn jetzt schon wieder los? 30 Sag mal! Antworte gefälligst, wenn du gefragt wirst! Was ist denn das für ein Ton? So was verbitte ich mir ein für allemal. Glaub bloß nicht, du könntest hier ... Was fällt dir ein, kein Wort mehr. Werd bloß noch frech. Halt den Mund. Warum schreist du denn schon wieder? Man bekommt ja nie eine 35 Antwort von dir."
Es ist nicht immer leicht, miteinander zu reden. Die Elternsprache aber lässt es gar nicht erst zu. „Bald hast du es geschafft. Wer schimpft denn hier ständig? Du zwingst einen doch dazu. Glaubst du, mir macht das Spaß? Du wirst noch 40 sehen, wohin das führt. Das wird dir noch Leid tun. Du bringst mich noch ins Grab. Nun reiß dich bloß zusammen. Das lass ich mir von dir nicht mehr bieten, verstanden? Mit mir kannst du das nicht machen. Wie oft muss ich dir das noch sagen? Ich kann auch anders. [...] Was bildest du dir ei- 45 gentlich ein? Wenn ich noch einen Ton höre, dann ..."
Am Ende dieser Unfähigkeit, miteinander zu sprechen, steht die Drohung oder gar die nackte Gewalt. „Früchtchen, gleich knallt's. Was glaubst du, wen du vor dir hast? Behalt deine Unverschämtheiten für dich. So, jetzt langt's aber. Jetzt ist 50 das Maß voll. Das werd ich dir schon austreiben. Jetzt fängst du eine. Ich schlag dir eine rein, wie du sie noch nie gekriegt hast. Durchprügeln müsste man einen wie dich. Dir werd ich's zeigen. So! Da! Gleich kriegst du noch eine. Hör auf zu heulen!" 55
Man kann sich aber, glaube ich, auch in der Familie miteinander verständigen.

Stern v. 29.3.1978

1 Wie charakterisiert E. K. Hirsch die kommunikativen Besonderheiten der Elternsprache?
2 Untersuchen Sie, in welcher Weise diese elternsprachlichen Besonderheiten auch Thema von B. Vanderbekes *Muschelessen* sind, obwohl der Vater in der Erzählung abwesend ist. Geben Sie Textbeispiele.
3 „Man kann sich aber, glaube ich, auch in der Familie miteinander verständigen."
Erörtern Sie, ob die Darstellung B. Vanderbekes eine solche Folgerung zulässt.

Vorschlag 2: Literarische Erörterung
„... die bei uns nur die andere Großmutter hieß" (S. 75–85)
1 Erarbeiten Sie aus dem Text, was an dieser Großmutter als „anders" empfunden wird, und zeigen Sie auf, in welcher Weise die Vorstellungen des Vaters von „Normalität" damit verbunden sind.
2 Welche Möglichkeit eröffnet die Erzählung, mit dem „Anderen" umzugehen? Unterscheiden und beurteilen Sie dazu das Verhalten von Vater und Tochter gegenüber der „anderen" Großmutter.
3 Ist eine „andere" Familie denkbar, die mit dem als „anders" Empfundenen „anders" umgeht?

Vorschlag 3: Textwiedergabe und Erörterung
Textgrundlage:
Rolf Michaelis: *Altneudeutsche Wörtersuppe* (KV 21)
1 Erarbeiten Sie, auf welche Ebenen des Textes der Autor in seiner Rezension von B. Vanderbekes *Muschelessen* Bezug nimmt und zu welcher Beurteilung der Erzählung er dabei kommt.
2 Drehen Sie die Argumente des Autors um, indem Sie ausgehend von möglichst denselben Textebenen eine Gegenposition beziehen.
Oder: Schreiben Sie die Buchbesprechung im Stil des Rezensenten weiter.

Projektideen

Deutsch
– „Verfall einer Familie"
Thomas Mann: *Buddenbrooks*; Franz Kafka: *Die Verwandlung*; Birgit Vanderbeke: *Das Muschelessen*
(Literaturhinweis: Peter von Matt: Verkommene Söhne, missratene Töchter. Familiendesaster in der Literatur. München, Wien: Hanser Verlag 1995)
– „Lebensläufe" – Fiktive und reale Biografien von Frauen: Charlotte von Stein – *Iphigenie auf Tauris* (J. W. Goethe); Elisabeth von Ardenne – *Effi Briest* (Th. Fontane); Erika Mann – Barbara Bruckner (K. Mann: *Mephisto*); Christa Wolf – *Kassandra* (Chr. Wolf)

Deutsch/Geschichte
– „Geblümte Existenzen" – Abweichendes Verhalten junger Männer im unterschiedlichen historischen Kontexten: Kaiserreich – Weimarer Republik – Deutschland nach 1945 – Deutschland nach 1989
Thomas Mann: *Buddenbrooks*; Erich Kästner: *Fabian*; Heinrich Böll: *Ansichten eines Clowns*; Sven Regener: *Herr Lehmann*, Birgit Vanderbeke: *Das Muschelessen* (vgl. dazu auch Peter von Matt a. a. O.)

Deutsch/Kunst
– Der Wandel des Schönheitsideals von der Antike bis zur Gegenwart. Übungen zur Präsentation. (Literaturhinweis: Bettina Pohle: Kunstwerk Frau. Inszenierungen von Weiblichkeit in der Moderne. Frankfurt a.M.: Fischer 1998)

Deutsch/Musik/Mathematik
– Musik als Thema der Literatur: Birgit Vanderbeke: *Das Muschelessen*; Thomas Mann: *Tristan* (und andere) (Literaturhinweis: Beziehungszauber. Musik in der modernen Dichtung. Hrsg. v. Carl Dahlhaus und Norbert Miller. München/Wien: Hanser 1988)
– Musik und Mathematik. Der Spiegel 31, 2003

Filmprojekte
– *The Hours* (2001)
Analysieren Sie, wie die Regie das Konzept einer „weiblichen" Wirklichkeitswahrnehmung umgesetzt hat, und vergleichen Sie mit dem „weiblichen Schreiben".
– *Good bye, Lenin!* (2001)
Gibt es in den Dialogen dieses Films eine „Sprache Ost" und eine „Sprache West"?

Quellenverzeichnis

In den meisten Fällen sind die Quellenangaben den jeweiligen Texten und Abbildungen direkt zugeordnet. Hier einige Zusatzinformationen:

KV 11/S. 24 Bildunterschrift: Lehrer unterrichtet Schüler während des so genannten Parteilehrjahrs (1980)

KV 10/S. 22; KV 18/S. 38 Metzler Lexikon Gender Studies. Geschlechterforschung: Ansätze – Personen – Grundbegriffe. Hrsg. v. Renate Kroll. J. B. Metzler'sche Verlagsbuchhandlung und Carl Ernst Poeschel GmbH in Stuttgart 2002

KV 13/S. 28 Collage: links oben: Devendra Banhart; rechts oben: Hufbeschagslehrschmiede der Uni Leipzig: unten: Soldaten der NVA bei einer Militärparade anlässlich des 35. Jahrestages der Gründung der DDR am Alexanderplatz in Berlin, 7. 10. 1981

KV 19/S. 40; KV 22/S. 45 Sandro Botticelli: Die Geburt der Venus (172,5 x 278,5 cm)

KV 22/S. 45 obere Abb. entnommen aus: Udo Becker: Lexikon der Symbole. Freiburg, Basel, Wien: Herder 1998 (Herder Spektrum, Bd. 4698), S. 200

KV 22/S. 45 untere Abb. entnommen aus: Hans Biedermann: Knaurs Lexikon der Symbole. © Droemer'sche Verlagsanstalt Th. Knaur Nachv. GmbH & Co. KG, München

Leider ist es uns nicht gelungen, die Rechteinhaber aller Abbildungen und Texte zu ermitteln. Berechtigte Ansprüche werden selbstverständlich im Rahmen der üblichen Vereinbarungen abgegolten.

Literaturhinweise

Originalausgaben
Das Muschelessen. © Rotbuch Verlag, Berlin; © Rotbuch/ Sabine Groenewold Verlage, Hamburg
Das Muschelessen. Frankfurt a. M.: Fischer [13]2003 (13783)

Zum Werk von Birgit Vanderbeke
Wagner, Richard (Hrsg.): „Ich hatte ein bisschen Kraft drüber". Zum Werk von Birgit Vanderbeke. Frankfurt a. M.: Fischer 2001 (TB 14937)

Interpretationen für den Unterricht
Gross, Monika: „Diese ewige Ergebenheit ist doch widerlich!" Streit thematisieren anhand von Birgit Vanderbekes „Das Muschelessen". In: Praxis Deutsch 174, 2002, S. 42–45
Krischker, Gerhard C. und Leonis, Ansgar: Birgit Vanderbeke: Das Muschelessen. Bamberg: Buchner Verlag 2000
Saupe, Anja: B. Vanderbekes „Das Muschelessen". Vorschläge für eine Einbeziehung der „Gender Studies" in den Deutschunterricht. In: DU 52 (Heft 2), 2000, S. 89–93